学びが
グーンと充実する！

小学校音楽

授業プラン
&
ワークシート

高学年

津田　正之
酒井 美恵子　編著

コピーして
そのまま
使える！

新学習

明治図書

はじめに

　本書を開いてくださいました皆様，ありがとうございます。

　本書は，平成29（2017）年に告示された小学校学習指導要領音楽の目指す資質・能力を子供たちが身に付けることに役立つよう作成しました。構成と活用のポイントを紹介します。

■「新学習指導要領（平成29年告示）を実現する授業づくりのポイント」

　新学習指導要領に基づいて授業をつくる際の留意点を分かりやすく説明しました。ここを読んでから，小学校学習指導要領解説音楽編をお読みになると，理解が深まると思います。

■具体的なワークシートを紹介するページ

　左ページに身に付く資質・能力と，ワークシートの活用方法を示し，そして右ページにワークシートを載せました。なお，　📄 ワークシートで身に付く主な力　は，「知識」【知】，「技能」【技】，「思考力，判断力，表現力等」【思判表】を示しています。併せて「A表現(1) 歌唱 ア，イ，ウ(イ)，〔共通事項〕(1)ア」「旋律，呼びかけとこたえ」のように，対応する　🔖 学習指導要領　の事項と，思考・判断のよりどころとなる主な音楽を形づくっている　✚ 要素　を示しました。□は本ワークに対応する力です。「学びに向かう力，人間性等」については特に記していませんが，児童が学習内容に興味・関心をもち，主体的・協働的に粘り強く学習活動に取り組もうとする態度を育てることは，いずれの学習でも重要です。

■コラムのページ

　新学習指導要領の理解や，音楽科における領域・分野の理解が深まるよう，各巻5つのコラムを載せました。授業改善に役立たせていただけたら嬉しく思います。

■まとめ（音楽の時間の振り返り）

　各学年末に，児童が音楽の授業を振り返るページです。どのように振り返るかを捉えることは，授業者が自身の授業を振り返ることにつながります。ご活用ください。

■まとめ（音楽クイズ）

　読譜や記譜に慣れてほしいとの願いから作成したページです。児童が楽譜と仲良くなれるよう，児童全員が正答できるようにお使いいただければ幸いです。

　なお，まとめのページでは斜字が出てきます。ホワイトで消して，必要な事柄を使用する先生方に書き込んでいただけるようになっています。

　最後に，素晴らしい授業プランやコラムを書いてくださいました執筆者の皆様と，迅速に美しく分かりやすく編集してくださった木村悠さんに心から御礼申し上げます。

2020年4月

津田　正之

酒井美恵子

もくじ

英語の歌／愛唱歌

ま と め

「音楽の授業でどんなことを学んだの？」

児童に聞いてみると，次のような声が返ってきました。

「歌を歌った。ふじさん」「リコーダーやった（吹いた）」「音楽を聴いた」……

これらは表現及び鑑賞の活動です。児童にとって，歌う，演奏する，音楽を聴くことが，学んだことの中で大きな位置を占めているからでしょう。でも，学んだことの自覚が，活動や曲の名前に留まっているのは好ましいことではありません。音楽の学びを充実させるためには，音楽活動を通して「児童が何を身に付けるのか」という視点が重要です。学校教育において身に付ける力は，「資質・能力」と言われています。

新学習指導要領改訂のキーワードの１つが「資質・能力の明確化」です。この点は，音楽科の授業づくりの大切なポイントになります。

1 音楽科で育成する資質・能力

教科の目標の冒頭には，音楽科で育成する資質・能力が次のように示されました。

「生活や社会の中の音や音楽と豊かに関わる資質・能力」

児童の生活や，生活を営む社会の中には，様々な音や音楽が存在しています。生活や社会の中の音や音楽と豊かに関わる資質・能力を育成し，児童が自ら生活や社会の中の音や音楽との関わりを築き，生活を豊かにしていくことが，音楽科の果たすべき大切な役割の一つになります。

では，「生活や社会の中の音や音楽と豊かに関わる資質・能力」とは何を指すのでしょう。それは，教科の目標(1)(2)(3)に示されています。

---

(1) 曲想と音楽の構造などとの関わりについて理解するとともに，表したい音楽表現をするために必要な技能を身に付けるようにする。 —〔知識及び技能〕

(2) 音楽表現を工夫することや，音楽を味わって聴くことができるようにする。

—〔思考力，判断力，表現力等〕

(3) 音楽活動の楽しさを体験することを通して，音楽を愛好する心情と音楽に対する感性を育むとともに，音楽に親しむ態度を養い，豊かな情操を培う。 —〔学びに向う力，人間性等〕

※—〔 〕筆者補筆

—〔 〕の部分に着目してください。教科の目標には，育成する資質・能力が，(1)〔知識及び技能〕，(2)〔思考力，判断力，表現力等〕，(3)〔学びに向う力，人間性等〕の三つの柱に沿って示されています。学年の目標も同様です。一方，内容は，Ａ表現（(1)歌唱，(2)器楽，(3)音楽

づくりの各分野）, Ｂ鑑賞, 〔共通事項〕の枠組みにおいて, ア〔思考力, 判断力, 表現力等〕, イ〔知識〕, ウ〔技能〕の資質・能力別に示されています（内容一覧は p.12 を参照）。

では, それぞれどのような資質・能力なのか, 目標や内容に照らしながらお話します。

①　知識の習得──関わりの理解

学生に「音楽科で育成する知識ってなんだろう」と聞くと, 次のような答えが返ってきます。「音符, 休符, 記号の名前」「作曲家の名前」「曲の名前や背景」「楽器の名前」……。

これらはもちろん音楽の知識であり必要なものですが, 音楽科で育成する知識とは, 単に事柄を知ることだけではありません。児童一人ひとりが, 学習の過程において, 音楽に対する感性を働かせて感じ取り理解するものです。

「Ａ表現」及び「Ｂ鑑賞」では, 全ての活動において「曲想と音楽の構造などとの関わり」について気付いたり理解したりすることに関する具体的な内容が, 事項イに示されています。「など」には, 歌詞の内容も含まれます。例えば, 歌唱分野における知識に関する資質・能力とは, 「曲想と**音楽の構造**との関わり」「曲想と**歌詞の内容**との関わり」の理解です。

具体的にはどのようなことでしょう。6年生の共通教材「ふるさと」で考えてみましょう。

・落ち着いた感じがする。それは, 1, 2, 4段目が同じリズムで, 1, 2段目は旋律の動きがなめらかだからだね。

・3段目は動きのある感じ。それはリズムが変わり音の上がり下がりが大きいから。

・4段目の最初は高い音が続いているから, 力強い感じがする。

・心にしみる感じがするのは, 歌詞にふるさとを懐かしむ気持ちが込められているから。

・1, 2, 3番と段々とも盛り上がっている感じがするのは, 歌詞が「過去」（1番）－「現在」（2番）－「未来」（3番）となっているからだね。

このような関わりに, 児童が自ら気付いたり理解したりすることを求めているのです。

鑑賞では「曲想」を「曲想及びその変化」（第3学年～6学年）と, 丁寧に示しています。曲の雰囲気や表情は曲の流れの中で変化することを, 児童が自ら感じ取ることを重視しています。

②　技能の習得──思考力, 判断力, 表現力等の育成と関連を図ること

音楽科における「技能」とは, 歌を歌う, 楽器を演奏する, 音楽をつくるといった音楽表現の技能です。「Ａ表現」の「技能」については, 表したい（思いや意図に合った）音楽表現をするために必要となる具体的な内容が, 歌唱, 器楽, 音楽づくりの事項ウに示されています。技能の習得においては, 「弾んだ感じとなめらかな感じのよさが伝わるように, 吹き方を工夫してリコーダーを演奏したい」のように, 児童が表したい思いや意図をもち, それを実現する

ために，タンギングやポルタートなど音色や響きに気を付けて演奏する技能を習得することの必要性を実感できるようにすることが求められます。

③ 思考力，判断力，表現力等の育成——知識や技能を得たり生かしたりして

「A表現」領域では，どのように歌うか，どのように演奏するか，どのように音楽をつくるかについて思いや意図をもつこと，「B鑑賞」領域では，曲や演奏のよさなどを見いだし，曲全体を味わって聴くことに関する具体的な内容が，事項アに示されています。

事項のアの冒頭部分には，「知識や技能を得たり生かしたりして（鑑賞の知識のみ）」と示されています。すなわち，学習の過程において，知識や技能の習得及び活用と関わらせながら，一体的に育成することが重要であることが強調されています。

表現領域における<u>思い</u>や<u>意図</u>とは，音楽表現に対する自分の考えです。思いや意図をもつとはどのようなことでしょう。4年生の共通教材「とんび」について例示してみましょう。

> ・「とんび」がゆったりと大空をとんでいる様子が伝わるように，<u>1，2，4段目は，旋律が上がっているところはクレシェンド，下がっているところはデクレシェンドで，2小節のフレーズをなめらかに歌おう。</u>
> ・<u>3段目は，二羽の「とんび」が呼びかけ合いながら遠ざかっている感じが伝わるように，強く，やや弱く，やや強く，弱く，歌おう。</u>

表現の方向性が「思い」，そのための具体的な方法が「意図」といったニュアンスです。こうしてみると，「思い」と「意図」は両方とも大切になります。また，このような思いや意図は，**知識**（曲の特徴についての気付きや理解）や**技能**（自然で無理のない歌い方等）を習得したり活用したりする学習と往還しながら，深められるものです。

一方，鑑賞領域における**曲や演奏のよさなどを見いだし，曲全体を味わって聴く**とは，どのようなことでしょうか。下記は，4年生の「ノルウェー舞曲第2番」（グリーグ作曲）の鑑賞の授業で，A児が曲のよさを書いたワークシートの記述です。

> この曲の一番おもしろいところは，まん中でたくさんの楽器が大きな音ではげしい感じでえんそうし，急に止まって，さいしょにもどるところです。

A児の記述をみると，「まん中で」「さいしょにもどるところ」などから曲全体の音楽的な特徴を見通して，自分なりに曲のよさを述べていることが読み取れます。A児は，鑑賞中も，じっくり集中して音楽を聴いている姿がみられました。知識を得たり生かしたりしながら，曲のよさを見いだし，曲全体を味わって聴く資質・能力が育っている状況を見取ることができます。

このような学習を支えるのが〔共通事項〕(1)の事項アの学習です。アでは，題材において思考・判断のよりどころとなる音楽を形づくっている要素について，聴き取ったことと感じ取ったこととの関わりについて考えることが示されています。このような学習が，曲想と音楽の構造などとの関わりについて理解したり，音楽表現に対する思いや意図をもったり，曲や演奏のよさなどを見いだし，曲全体を味わって聴いたりする学習を意味あるものにします。

④ 「学びに向う力，人間性等」の涵養──主体的，協働的に学習に取り組むこと

教科及び学年の目標(3)に示された資質・能力です。もっとも教科の目標にある「感性」や「豊かな情操」は，題材の目標にはなじみません。各題材レベルでは，学年の目標を意識するとよいでしょう。例えば，第5学年及び第6学年の目標(3)は，「主体的に音楽に関わり，協働して音楽活動をする楽しさを味わいながら，様々な音楽に親しむとともに，音楽経験を生かして生活を明るく潤いのあるものにしようとする態度を養う」と示されています。

題材で扱う音楽の特徴などに興味・関心をもち，音楽活動を楽しみながら主体的・協働的に粘り強く学習に取り組もうとする資質・能力，音楽の授業での学びを生活に生かそうとする資質・能力の涵養などが大切となります。

なお，資質・能力の評価については，p.94のコラム「音楽科の学習評価」をご参照ください。

2 音楽科の授業（題材）の構成

次に，資質・能力を育成する音楽の授業をどのようにつくるか，について説明しましょう。

一連の授業をつくる実質的な単位が「題材」です。各題材を構成する単位が，歌唱，器楽，音楽づくり，鑑賞の活動です。下記は，活動ごとに各題材に盛り込むべき内容です。

まずそれぞれの領域・分野において，ア（思考力，判断力，表現力等），イ（知識），ウ（技能）の内容を相互に関わらせながら全て扱う（(ア)(イ)(ウ)については1つ以上）とともに，〔共通事項〕アとの関連を十分に図った題材を構成することが必要です。

> ○歌　　　唱：ア，イ，ウ＋〔共通事項〕ア
> ○器　　　楽：ア，イ，ウ＋〔共通事項〕ア
> ○音楽づくり：ア，イ，ウ＋〔共通事項〕ア
> ○鑑　　　賞：ア，イ　　＋〔共通事項〕ア

〔共通事項〕との関連では，思考・判断のよりどころとなる，音色，リズム，速度，呼びかけとこたえなど，主な音楽を形づくっている要素を明確にしておくことが必要です。なお，音楽づくりは「音遊びや即興的に表現する」活動（ア(ア)，イ(ア)，ウ(ア)），「音を音楽へと構成する」活動（ア(イ)，イ(イ)，ウ(イ)）の2つの活動からなります。2つの活動は両方とも大切ですが，どちらに重点を置いて題材を構成するのかについて，明らかにしておくことが必要です。

各活動を題材構成の単位とした上で，適宜，「歌唱ー器楽」，「音楽づくりー鑑賞」のように，各領域や分野の関連を図った題材構成を工夫することも大切です。

3 「主体的・対話的で深い学び」で何を実現するのか

「主体的・対話的で深い学び」とは，これまで成果を上げてきた優れた授業実践に見られる普遍的な視点であり，新学習指導要領における授業改善のキーワードです。これらは目的ではなく，資質・能力の育成が偏りなく実現できるようにするための「授業改善の視点」です。

では，それぞれの視点から，どのように授業改善を図ることが大切なのでしょうか。

「主体的な学び」で大切なのは，児童が，学習の見通しをもったり，学習したことを振り返り，学んだことや自分の変容を自覚したりできるようにして，次の学びにつなげることができるようにすることです。

「対話的な学び」で大切なのは，児童が，他者との対話によって自分の考えなどを広げたり深めたりすることができるようにすることです。音楽科における対話は，音や音楽，言葉によるコミュニケーションです。言語だけではなく，音や音楽と一体的に対話をすることに，音楽の学びのよさがあります。また，ここでいう「他者との対話」とは，友達同士の対話だけでなく教師との対話，地域の方との対話，先哲（音楽をつくった人など）との対話など幅広く考えてみましょう。「この曲をつくった人（先哲）は，なぜこのような表現を考えたのかな」のように，時空を超えて，音楽をつくった人などとの対話も大切な視点になります。

「深い学び」で大切なのは，学習の過程において「音楽的な見方・考え方」を働かせることができるようにすることです。音楽に対する感性を働かせ，音や音楽を，音楽を形づくっている要素とその働きの視点で捉え，捉えたことと，自己のイメージや感情，生活や文化などとを関連付けているとき，「音楽的な見方・考え方」が働いていると考えられます。

では，音楽的な見方・考え方が働いているとは，具体的にどのような状況でしょう。

> 「『ヤーレン，ソーラン，ソーラン』のかけ声のリズム，『ハイハイ』や『どっこいしょ，どっこいしょ』の合いの手があるから，力強い表現になっているね」
> 「このうたの特徴は，ニシン漁で網を引く仕事から生まれているね」

これは，ソーラン節の特徴について交流している場面の児童の発言です。音楽的な見方・考え方を働かせている一場面と言ってよいでしょう。音楽的な見方・考え方を働かせることによって，「ソーラン節」の曲の特徴についての理解を深めたり，音楽表現を工夫したり，よさなどを見いだして曲全体を味わって聴いたりする学習が充実するのです。

冒頭で，音楽の学びの自覚が，活動や曲の名前だけに留まっているのは好ましいことではないと述べました。新学習指導要領の趣旨を生かした授業を工夫することによって，個々の曲や学習活動に即した資質・能力の高まりを，教師も児童も実感できるようにすること。このことが，音楽科の学びの真の充実につながると信じています。

小学校6学年を通して育てる内容一覧（高学年の内容を基に）

A 表現

(1) 歌唱の活動を通して，次の事項を身に付けることができるよう指導する。

ア 曲の特徴にふさわしい歌唱表現を工夫し，思いや意図をもつこと。〔思考力，判断力，表現力等〕

イ 曲想と音楽の構造や歌詞の内容との関わりについて理解すること。〔知識〕

ウ 思いや意図に合った表現をするために必要な次の㋐から㋒までの技能を身に付けること。〔技能〕

㋐ 聴唱・視唱の技能　　　　㋑ 自然で無理のない，響きのある歌い方で歌う技能

㋒ 声を合わせて歌う技能

(2) 器楽の活動を通して，次の事項を身に付けることができるよう指導する。

ア 曲の特徴にふさわしい器楽表現を工夫し，思いや意図をもつこと。〔思考力，判断力，表現力等〕

イ 次の㋐及び㋑について理解すること。〔知識〕

㋐ 曲想と音楽の構造との関わり　　㋑ 多様な楽器の音色や響きと演奏の仕方との関わり

ウ 思いや意図に合った表現をするために必要な次の㋐から㋒までの技能を身に付けること。〔技能〕

㋐ 聴奏・視奏の技能　　　　　　㋑ 音色や響きに気を付けて，楽器を演奏する技能

㋒ 音を合わせて演奏する技能

(3) 音楽づくりの活動を通して，次の事項を身に付けることができるよう指導する。

ア 次の㋐及び㋑をできるようにすること。〔思考力，判断力，表現力等〕

㋐ 即興的に表現することを通して，音楽づくりの様々な発想を得ること。

㋑ 音を音楽へと構成することを通して，どのように全体のまとまりを意識した音楽をつくるかについて思いや意図をもつこと。

イ 次の㋐及び㋑について，それらが生み出すよさや面白さなどと関わらせて理解すること。〔知識〕

㋐ いろいろな音の響きやそれらの組合せの特徴　㋑ 音やフレーズのつなげ方や重ね方の特徴

ウ 発想を生かした表現や，思いや意図に合った表現をするために必要な次の㋐及び㋑の技能を身に付けること。〔技能〕

㋐ 設定した条件に基づいて，即興的に表現する技能　㋑ 音楽の仕組みを用いて，音楽をつくる技能

B 鑑賞

(1) 鑑賞の活動を通して，次の事項を身に付けることができるよう指導する。

ア 曲や演奏のよさなどを見いだし，曲全体を味わって聴くこと。〔思考力，判断力，表現力等〕

イ 曲想及びその変化と，音楽の構造との関わりについて理解すること。〔知識〕

〔共通事項〕

(1) 「A表現」及び「B鑑賞」の指導を通して，次の事項を身に付けることができるよう指導する。

ア 音楽を形づくっている要素を聴き取り，それらの働きが生み出すよさや面白さ，美しさを感じ取りながら，聴き取ったことと感じ取ったこととの関わりについて考えること。〔思考力，判断力，表現力等〕

イ 音楽を形づくっている要素及びそれらに関わる音符，休符，記号や用語について，音楽における働きと関わらせて理解すること。〔知識〕

※解説23−25頁から抜粋

歌 唱

1 作曲家の創意工夫を感じ取って「こいのぼり」を歌いましょう

歌唱 | 5年

授業の特徴 歌詞の内容を伝えるための作曲者の創意工夫を知り，表現に生かします。また様々な「こいのぼり」を知ります。

ワークシートで身に付く主な力 ・曲想と音楽的な特徴や歌詞との関わりについて理解する力【知】

学習指導要領 Ａ表現 (1) 歌唱ア，イ，ウ(イ)，〔共通事項〕(1)ア，イ

要素 旋律，リズム（♫と♩，♩♩と♩.♪の違い），強弱（mf，mp，<，f）

1 学習の流れ

❶ 慣れ親しんだ「コイノボリ」とは違う「こいのぼり」があることを知り，鑑賞します。 ▶ **❷** 曲想と歌詞との関わりについて学習します。 ▶ **❸** 「こいのぼり」のイメージを全員で共有してから歌います。 ▶ **❹** 4行詩の1行目のリズムを変えて歌うことで，作曲家の創意工夫を知り，表現に生かして歌います。

2 準備

体験：**ワークシート❷**のリズムを用いて，リズムゲームをし「やねよりたかい〜」でよく知られている「コイノボリ」（近藤宮子作詞，作曲者不詳）を歌っておきます。

教材：リズムゲームに用いるリズムカード（**ワークシート❷**のリズムなど）を用意します。

3 学びやすい授業づくりのポイント

①児童が慣れ親しんだ「コイノボリ」（近藤宮子作詞，作曲者不詳）とは別の「こいのぼり」（文部省唱歌，作曲は弘田龍太郎の説あり）があることを知り，まず鑑賞します。

②この曲の歌詞は文語体のため，まず教科書に掲載されている歌詞の意味を説明して，口語体の大意を把握します。

③最高音(レ)が「なかぞらを」と「たかく」にあることを気付いたり，「たかく」はフォルテになっていることに気付いたりして，のびのびと歌えるようにします（**ワークシート❶**）。

④みんなで共有したイメージを思い浮かべながら，もう一度鑑賞し，歌ってみます。

⑤**ワークシート❷**のリズムで歌ってみます。違いをクラスで共有し，作曲家がなぜ付点のリズムで作曲したのかを考え，**ワークシート❸**に意見を書き，クラスで共有しましょう。

⑥ 最後に「こいのぼり」を主題とした歌を作曲した作曲家が他にもいることを知り，可能なら YouTube 等で検索し鑑賞して，「こいのぼり」を主題として色々な曲が創作できることを知ります。

（瀧川 淳）

> **「こいのぼり」を主題にした曲**
> ・滝廉太郎作曲／東くめ作詞
> ・井上武士作曲／作曲者不詳
> ・本居長世作曲／林柳波作詞
> など

作曲家の創意工夫を感じ取って「こいのぼり」を歌いましょう

年　　組　名前

1　音楽の特ちょうについて考えましょう。

い ー ら ー か の　な ー み ー と　く ー も ー の な み

か ー さ な る　な ー み ー の　な ー か ぞ ら を

た ち ば な か ー お ー る　あ さ か ぜ に

た か く お ー よ ー ぐ や　こ い ー の ぼ り

①一番高い音に〇を付けよう。

②教科書を見て、強弱記号を書き入れよう。

③歌しと強弱と音の高さの関係から気付いたことを書こう。

2　それぞれのリズムで歌ってみて、どのようなイメージをもちましたか。

①

い ー ら ー か の　な ー み ー と　く ー も ー の な み

②

い ー ら ー か の　な ー み ー と　く ー も ー の な み

3　作曲家が②にした理由を考えて書きましょう。

15

2 小さい子供に歌うように「子もり歌」を歌いましょう

授業の特徴 小さい子供になったつもりで都節音階と律音階の曲想の違いを感じたり，好きな旋律を歌いながら体を動かしたりして「子もり歌」に親しみます。

ワークシートで身に付く主な力
・曲想と音階や歌詞との関わりに気付く力【知】
・工夫した歌い方で歌う力【技】
・音階など曲の特徴にふさわしい表現を考える力【思判表】

学習指導要領 A表現 (1) 歌唱ア，イ，ウ(イ)，〔共通事項〕(1)ア

要素 音階（都節音階と律音階による旋律）

1 学習の流れ

❶ 教師の歌または CD で都節音階と律音階の2つの「子もり歌」を聴きます。

❷ 小さい子供の気持ちになって聴き，好きなほうを選び理由を書きます。

❸ 都節音階でも律音階でも歌えるようになったら，グループで音楽表現を工夫します。

❹ 歌詞や曲想に合わせて体を動かしながら歌う発表会で学び合います。

2 準備

体験：道徳科の「B　主として人との関わりに関すること」から［感謝］を扱ったり，家庭科の「A　家族・家庭生活」から「(1)自分の成長と家族・家庭生活」を学んだりしておくと，恥ずかしがらずに，小さい子供に歌うようにできると思います。

教材：なるべく教師が♭が付いている都節音階と♭が付いていない律音階のそれぞれの旋律で歌うことが望ましいのですが，必要に応じて教科書準拠の CD を用意します。

音階：

都節音階　　　　　　　　　　　律音階

3 学びやすい授業づくりのポイント

①**ワークシート1**は小さい子供になったつもりで2つの旋律を聴き，好きなほうを選び理由を書きます。少し寂しげな都節音階（♭あり）も，明るい印象の律音階（♭なし）もどちらも古くから口伝えで伝わってきた美しくて素敵な歌なので，好みで選んでよいことを伝えましょう。

②都節音階（♭あり）でも，律音階（♭なし）でも歌えるようになってから，**ワークシート2**に取り組みます。**ワークシート1**で選んだほうと異なってもかまいません。歌いたいほうでグループを組みましょう。

③**ワークシート3**は，発表前に自分たちの工夫を他のグループに伝えるためのメモ欄と，他のグループを聴いての感想欄です。「やさしい感じの声で歌っていた」「赤ちゃんが安心するような動きと声だった」などの感想が出ると素敵だと思います。

(酒井　美恵子)

小さい子どもに歌うように「子もり歌」を歌いましょう

年　　組　名前　　　　　　　　　　

Ⅰ　小さい子どもになったつもりで、2つの「子もり歌」をききましょう。

〇の音（ミとラ）に♭（フラット）が付いたせんりつと付かないせんりつのどちらを歌ってもらったら、自分は安心してねむりやすいと思いますか。理由も教えてください。

ねーん　ねん　ころりよ　おころりよ

ぼうや　は　よいこだ　ねんねしな

〇で囲む	理由
♭あり　♭なし	

Ⅱ　「♭あり」と「♭なし」のグループに分かれて歌を発表しましょう。

①小さい子どもに歌ってあげるように、歌いましょう。

②歌いながら歌しや曲の感じに合うように、体を動かして歌いましょう。

動きのヒント

エア赤ちゃんを背おって歩きなが ら歌う。

左手が赤ちゃん。ゆりかごにのせてゆっくりゆらしながら歌う。

（手話の「守る」）左手の赤ちゃんを右手で左から半円をえがくように。最後の「ねんねしな」の「な」のときに、「守ってるからね」という感じで動いてはいかがでしょう？

Ⅲ　小さい子どもになったつもりで、グループの発表をききましょう。

自分たちの工夫
他のグループのよかったところ

③ 曲の特徴を捉えて「スキーの歌」を歌いましょう

授業の特徴 「スキーの歌」の特徴（歌詞や強弱，フレーズの反復など）を捉えた歌い方を考えて歌います。そのために，曲の特徴に合った体の動きを考えて歌います。

ワークシートで身に付く主な力
・曲想と音楽の構造（フレーズの反復など）や歌詞の内容との関わりを理解する力【知】
・曲に合った，自然で無理のない響きのある声で歌う力【技】
・曲の特徴にふさわしい表現を工夫し，どのように歌うかについて思いや意図をもつ力【思判表】

学習指導要領 Ａ表現 (1) 歌唱ア，イ，ウ(イ)，〔共通事項〕(1)ア，イ

要素 強弱（記号も扱う），リズム，旋律，音の重なり，フレーズ，反復

1 学習の流れ

❶ 歌えるようになった「スキーの歌」の歌詞に改めて向き合います。 ▶ ❷ 教科書を参考にして強弱記号を記入し，歌詞や強弱記号，特徴的なフレーズなどをふまえて，どのように歌うか考えます。 ▶ ❸ グループで曲の特徴に合う体の動きを考えて，クラス内発表会をします。

2 「スキーの歌」について

　「スキーの歌」の曲の特徴として，部分二部合唱があること，「こゆきはまいたーちーかぜーはーさけーぶ」を完全に終結させるためのコーダ（かぜはさーけーぶ）が付けられていることなどがあげられます。また，コーダの部分は下声部が主旋律です。

3 準備

体験：「スキーの歌」を覚えて歌えるようにしておきます。

教材：「スキーの歌」が掲載されている教科書ページ。**ワークシートを大きめにプリント**。

4 学びやすい授業づくりのポイント

①今のスキー場と異なる楽しみ方をしている時代の歌であることを理解して，**ワークシート１**でスキーのワクワク感を捉えます。

②**ワークシート２**(1)では，教科書に書かれていない場所にも□を入れてあります。①**ƒ**（強く）②**ƒ**③**𝑚ƒ**（やや強く）④**ƒ**⑤**ƒƒ**（とても強く）がよいと思います。

③**ワークシート２**(2)では，1，2，4段は元気に，リズミカルに滑るようなイメージ，3段目は曲の雰囲気が落ち着いた感じに変化するところです。なだらかな斜面をイメージする児童もいるかもしれませんね。そして5段目のコーダはスキーの喜びが最高潮の部分です。のびのびと大きく歌いたいところです。

④体の動きを考える場合は，全部でもよいですし，3段目だけ，3段目と5段目だけのように限定してもよいと思います。

（宮本 憲二）

曲の特ちょうをとらえて「スキーの歌」を歌いましょう

年　　組　名前

1 歌しから伝わってくる気持ちや情景を書きましょう。

この「スキーの歌」がつくられた時代は、自分でスキーをかついで上り、自然のしゃ面を
すべって楽しんだそうです。そのことをふまえて、歌しを味わいましょう。

---

2 (1)教科書を参考にして、①～⑤に強弱記号を入れましょう。

(2)歌しや強弱記号、▢のフレーズなどを手がかりにして、それぞれのだん
をどのように歌うと「スキーの歌」のよさが表せるか考えを書きましょう。

1だん目a

2だん目a'

3だん目b

4だん目a"

5だん目c

3 曲想に合わせて体を動かして歌ってみましょう。

動きの例

1だん目a	2だん目a'	3だん目b	4だん目a"	5だん目c
ストック前後ろ	1だん目と同じ	体横ゆれ	1だん目と同じ	ハイタッチ

4 他のグループの、曲に合った歌い方や体の動かし方のよさを書きましょう。

歌詞の表す情景にふさわしい表現で「冬げしき」を歌いましょう

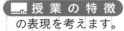

歌唱／5年

📖 授業の特徴	「冬げしき」のフレーズや１，２，３番の歌詞の表す情景にふさわしい歌唱の表現を考えます。
📄 ワークシートで身に付く主な力	・曲想と，フレーズなどの音楽的な特徴や，歌詞の表す情景との関わりを理解する力【知】 ・曲の特徴にふさわしい表現を考える力【思判表】
📚 学習指導要領	A表現 (1) 歌唱ア，イ，ウ(イ)，〔共通事項〕(1)ア，イ
✿ 要素	音色，旋律，強弱（記号も含む），フレーズ，変化

1 学習の流れ

❶ 冬をテーマにした音楽のイメージを交流し，「冬げしき」の歌詞の意味を理解して歌います。 ➡ **❷** １番を旋律に合った強弱で表現できるようにします。グループで考えられる表現を話し合い，クラスで色々な強弱の表現を試し，ふさわしい表現を探求します。 ➡ **❸** １番，２番，３番の情景を共有し，それぞれの場面に合った歌い方を考えます。

2 準備

体験：「だんだん強く」と「だんだん弱く」の強弱の付け方を体験しておきます。

教材：必要に応じて，ピアノ伴奏のCDを準備します。強弱記号を消して大きく印刷した楽譜を前に貼るか，大画面で映します。

3 学びやすい授業づくりのポイント

①**ワークシート❶**では，１番の歌詞を用いて，４段それぞれのフレーズや強弱，だんだん強く，や，だんだん弱く，の強弱なども含めて表現を考えます。歌詞の大切なところや，旋律の動きなども考え，なぜそのような表現がよいと思ったのか，理由も含めて考えられるとよいと思います。グループで出た提案をみんなで歌ってみて，表現の違いに気付くようにします。また，楽譜に書き込んだものを前に映したり貼ったりします。

②１番は港の朝，２番は麦畑の昼，３番は山里の夕暮れの場面を歌っています。**ワークシート❷**を使って，それぞれの場面を歌詞から理解し，情景を思い浮かべたときにどのような歌い方がふさわしいかを考えます。歌詞が分かりにくい場合は，読むだけでなく，具体的な情景を児童と話したり，歌詞がえがいている様子から，どんなことが想像できるのかを話したりしてみるとよいでしょう。

③歌い方を考える場面では，１～３番のそれぞれの表す情景から，例えば「明るい声で」「やさしい声で」といったことが出てくるとよいですね。場面（例：港の朝（１番））のイメージから歌い方へつなげます。

（森尻 有貴）

歌しの表す情景にふさわしい表現で
「冬げしき」を歌いましょう

年　　組　名前

1 この曲のフレーズに合った表現を考えましょう。どのような強弱で歌ったらよいか、1番で考え、歌しの下に書きましょう。記号でも言葉でもかまいません。また、一番のびやかに歌いたい部分の歌しに○をつけましょう。

「冬げしき」

文部省唱歌

1番の歌し	さ ぎ り き ゆ る	み な と え の

ふ ね に し ろ し　　　　あ さ の し も

た だ み ず と り の　　　こ え は し て

い ま だ さ め ず　　　　き し の い え

2 1番、2番、3番の表現について考えましょう。それぞれの歌しが歌われている場面（いつ、どこで）について書きましょう。また歌しの内容から、どのような歌い方がよいですか？

	歌われている場面		ふさわしい歌い方
	いつ	どこ	
1番	朝	港・入りえ・水辺	
2番			
3番			

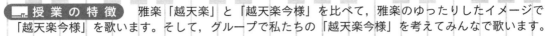

 5

曲の雰囲気を考えて私たちの「越天楽今様（えてんらくいまよう）」を歌いましょう

授業の特徴 雅楽「越天楽」と「越天楽今様」を比べて，雅楽のゆったりしたイメージで「越天楽今様」を歌います。そして，グループで私たちの「越天楽今様」を考えてみんなで歌います。

ワークシートで身に付く主な力
・旋律と歌詞の関わりを理解する力【知】
・曲の特徴にふさわしい表現を考える力【思判表】

学習指導要領 A表現 (1) 歌唱⑦，⑦，ウ(イ)，〔共通事項〕(1)⑦

要素 音色，強弱，速度，フレーズ

歌唱｜6年

1 学習の流れ

❶ 「越天楽今様」を歌えるようになったら，原曲の雅楽「越天楽」を聴き，「越天楽今様」と比べるなどして，その魅力を学びます。

❷ 雅楽「越天楽」で学んだゆったりとした雰囲気を生かして「越天楽今様」をのびやかに歌います。

❸ 私たちの「越天楽今様」の歌詞をグループワークでつくり，どのように歌ってほしいかをクラスのみんなに伝えて，みんなで楽しみます。

2 「越天楽今様」について

　「越天楽今様」は，雅楽「越天楽」の旋律に歌詞を付けて歌われたものです。今様とは「今ふうの新しい」という意味で，平安時代中期から鎌倉時代初期にかけて流行した歌のことです。

3 準備

体験：歌詞を理解して，「越天楽今様」を歌えるようにしておきます。

教材：雅楽「越天楽」の音源。教科書準拠の伴奏譜またはCD。書画カメラと大画面。

4 学びやすい授業づくりのポイント

①**ワークシート❶**で視聴する音源の例ですが，公益財団法人音楽鑑賞振興財団が「雅楽『越天楽』サンプル映像」をYouTubeで公開していて，「〜よものやまべをみわたせば」までを視聴できます。短くておすすめです。

②**ワークシート❶**②では，ゆったりした感じや，色々な楽器の美しさや，複数の楽器の関わり方のよさなどに気付けるようにしましょう。

③**ワークシート❷**で雅楽「越天楽」の雰囲気を生かすときは，教科書準拠の伴奏（教師の演奏またはCD）で歌ったり，教師が鍵盤ハーモニカで，「レミソラ」を同時に弾いて2小節分ずつ伸ばして「笙（しょう）」のような伴奏で歌ったりしてもよい雰囲気になります。

④グループで歌詞をつくったら，書画カメラで大画面に映し，どのように歌ってほしいかを発言してみんなで歌います。このときに，どちらの伴奏を選ぶのか（教科書準拠の伴奏か，「笙」のような鍵盤ハーモニカの伴奏か）にも，思いや意図が表れます。　　　　　　　　（宮本 憲二）

曲のふんいきを考えて私たちの「越天楽今様」
を歌いましょう
<small>え てんらくいまよう</small>

年　　組　名前

1 雅楽「越天楽」<small>ががく</small> <small>えてんらく</small> をきいてみましょう。

①「越天楽今様」のせん律と比べてみましょう。どんなことに気付きましたか。

　　□全く同じせん律だった　　□高さや長さがちがうところがあるせん律だった

②その他、気付いたことや感じ取ったすてきなところなどを書きましょう。

_____

2 雅楽「越天楽」のふんいきを生かして、「越天楽今様」を歌いましょう。

歌うときに工夫すること

_____

3 私たちの「越天楽今様」の歌詞をつくって歌いましょう。

つくり方

①「越天楽今様」は桜の季節とあやめの季節だったので、ちがう季節を考えてみましょう。

②1行は7文字＋5文字でつくりましょう。

③7文字を8個の〇に入れるので、どこかでのばします。（は一るのやよいの）

　　紅葉の季節の例：「いちばんすーきな　季節だな／もみじはあーかく　色づいて／

　　　　　　　　　　イチョウはきー色　実もなって／かーぜもひんやり　心地よく」

　　冬の夜空の例：「ふーゆの夜空は　きれいだな／いろんなほーしが　かがやくよ／

　　　　　　　　　　オリオンふたごー　色々さ／朝までずーっと　見ていたい」

〇〇〇〇〇	〇〇〇〇	〇〇〇〇	〇 一 一 ●
〇〇〇〇〇	〇〇〇〇	〇〇〇〇	〇 一 一 ●
〇〇〇〇〇	〇〇〇〇	〇〇〇〇	〇 一 一 ●
〇〇〇〇〇	〇〇〇〇	〇〇〇〇	〇 一 一 ●

4 みんなにどのように歌ってほしいか書きましょう。

_____

6 歌詞の表す様子にふさわしい強弱を工夫して「おぼろ月夜」を歌いましょう

- **授業の特徴** 歌詞の情景を思い浮かべながら，曲にふさわしい歌い方を工夫します。
- **ワークシートで身に付く主な力**
  - ・曲想と，曲の構成や歌詞の表す情景との関わりを理解する力【知】
  - ・歌詞の表す情景にふさわしい強弱表現を工夫する力【思判表】
- **学習指導要領** A表現 (1) 歌唱 ⑦，⑦，ウ(イ)，〔共通事項〕(1)⑦
- **要素** 音色，強弱，フレーズ

1 学習の流れ

❶ 「おぼろ月夜」の歌詞を朗読したり歌ったりして，どのような情景を表しているかについて，理解を深めるとともに，表したい思いを交流します。

❷ 歌詞を1行（8文字，6文字）ずつグループで担当し，表現したい内容を文字の色や文字の大きさなどで書き表します。

❸ 自分たちが書き表したペーパーを提示し，「このように歌ってほしい」などの内容を伝えてからみんなで歌います。

2 「おぼろ月夜」について

「おぼろ月夜」は，春の夕方という時間を設定し「菜の花」「霞」「春風」「夕月」「蛙」等，春を表す語句をたくさん用いてやわらかい雰囲気を醸し出しています。また1番，2番の8文字・6文字という言葉数の構成，2番の歌詞の「も」の連続の小気味よさなどが特徴的です。

3 準備

体験：「おぼろ月夜」を覚えて歌えるようにしておきます。

教材：書画カメラと大画面。色ペン。必要に応じて，模造紙を横長にカットした紙と磁石等。

4 学びやすい授業づくりのポイント

①**ワークシート❶**では，「何文字か数えてみましょう」などの発問をして，1行が8文字と6文字になっていることに児童が気付くようにします。また，2番は全ての情景がかすんでいる様子を，「～も」「～も」と5回繰り返して表現していることにも，児童が気付けるようにします。文語調で表される歌詞の意味も，全体で確認して共有できるようにしましょう。

②**ワークシート❷**では，歌い方をグループワークで考え，表現したい内容を文字の色や大きさ，動きなどで書き表します。色ペンなどを用いて書き表したり，例示のように，文字の大小や濃淡で表したりして音楽表現の工夫につなげます。

③**ワークシート**に書いた文字を書画カメラで映してもよいですし，例示のように模造紙を数枚に切り分けて使用してもよいのですが，後者は一度に掲示できて見やすい反面，作成に時間がかかります。

(宮本 憲二)

歌詞の表す様子にふさわしい強弱を工夫して
「おぼろ月夜」を歌いましょう

年　　組　名前

1 情景を思いうかべながら、「おぼろ月夜」を朗読したり歌ったりしましょう。

「おぼろ月夜」

作詞 高野辰之／作曲 岡野貞一

1　菜の花畑に　入り日うすれ
　見わたす山のは　かすみ深し
　春風そよふく　空を見れば
　夕月かかりて　においあわし

2　里わのほかげも　森の色も
　田中の小道を　たどる人も
　かわずの鳴く音も　かねの音も
　さながらかすめる　おぼろ月夜

> 気付いたこと、「こんなふうに歌いたい」と思ったことをメモしましょう

2 担当の歌詞を「こんなふうに歌ってほしい」と工夫して書きましょう。

例：

8文字：だんだん菜の花畑に近づいている感じでだんだん強く。

6文字：山を見ながらだんだん入り日がうすれていく様子なので、「うすれ」を小さくなるように歌ってほしい。

情景や心情を感じて「ふるさと」を歌いましょう

7

📖 **授業の特徴** 　「ふるさと」の3段目が他と異なる特徴があることを理解して，情景や心情を踏まえて強弱を考えたり，作曲者が付けた強弱記号で歌い，曲のよさを味わったりします。

📄 **ワークシートで身に付く主な力** 　・曲想と歌詞や旋律の特徴との関わりを理解する力【知】
　・曲の特徴にふさわしい表現を考える力【思判表】

🎼 **学習指導要領** 　A表現 (1) 歌唱⑦, ⑦, ウ(イ), 〔共通事項〕(1)⑦, ⑦

🧩 **要素** 　音色, 旋律, 強弱 (<, >, **f**, *mf*, *mp*, *p*), フレーズ

1 学習の流れ

❶ 「ふるさと」の3段目が他と異なる特徴があることに気付きます。 ▶ **❷** 歌詞を手がかりに，その3段目の強弱を考えます。考えた強弱をみんなで歌い比べます。 ▶ **❸** 作曲者が付けた記号を生かして歌い，どのようなよさがあったかに気付きます。

2 準備

体験：「ふるさと」の範唱を聴き，教科書の縦書きの詩を見ながら歌えるようにしておきます。
教材：教科書

3 学びやすい授業づくりのポイント

①**ワークシート１**では，1段目のリズムと2段目及び4段目が同じリズムであることを理解するとともに，3段目だけ異なる特徴があることを見つけます。

②**ワークシート２**では，特徴が異なる3段目の強弱を考えます。「今も夢を見るほど強い気持ちだから**f**だと思う」「思い出や遠くのふるさとを歌っているので，あまり強くないほうが合っていると思う。だから*mf*がよい」など，歌詞を手がかりに自由な発想を促し，実際に子供たちの意見で色々な強弱で歌い比べてみましょう。1番，2番，3番それぞれ異なる強弱を付ける感性豊かな児童がいたらとても素敵だと思います。

> ワークシート２に入る前に，このような投げかけはいかがでしょうか。
> 教師「歌詞を味わう前に，皆さんに考えてほしいことがあります。もし，遠くの人に会いたい，遠くの人とコミュニケーションが取りたい，と思ったら今はどのような方法がありますか」
> 児童「飛行機や電車にのって会いに行く」「電話をする」「ネットでつながる」等
> 教師「この曲は100年以上前につくられました。遠く離れたところにすぐ行けたり，連絡できたりする今とは違う時代であったことを心にとめて歌詞を味わいましょう」

③**ワークシート３**は，作曲者が付けた**p**で歌い，どのようなよさがあったかを考えます。その後，数名のグループでよさを話し合ったり，クラスで伝え合ったりすることで，さらに曲のよさを共有して，味わいながら歌うことにつなげてはいかがでしょうか。　　　　　　　　（酒井 美恵子）

情景や心情を感じて「ふるさと」を歌いましょう

年　　組　名前

1 ふるさとのせん律の特ちょうを確認しましょう。

「ふるさと」　　　　　作詞 高野辰之／作曲 岡野貞一

① 1段目のリズム打ちをしましょう

② 2段目は 1段目のリズムと ⟨同じ　ちがう⟩

③ 3段目は 1段目のリズムと ⟨同じ　ちがう⟩

④ 4段目は 1段目のリズムと ⟨同じ　ちがう⟩

1段目とリズムは同じ？ちがう？

2 1番から3番までの歌詞を読んで、9小節目の□□に入る強弱記号を考えましょう。

  p （ピアノ　弱く） mp （メッゾ ピアノ　やや弱く）

  mf （メッゾ フォルテ　やや強く） f （フォルテ　強く）

選んだ理由（情景や心情を手がかりに考えてみましょう）

3 作曲者は9小節目に□□を付けました。作曲者の付けた強弱記号で歌ってみて、どのようなよさを感じましたか。

8 歌詞の内容が伝わるよう曲想を考えて「われは海の子」を歌いましょう

🖥 授業の特徴	歌詞や旋律の特徴にふさわしい速度などの表現を工夫して歌います。
📄 ワークシートで身に付く主な力	・曲想と歌詞や音楽的な特徴（曲の構成，リズム，速度など）との関わりについて理解する力【知】
✎ 学習指導要領	A表現（1）歌唱ア，□イ，ウ(ア)，〔共通事項〕(1)□ア
✿ 要素	旋律，フレーズ，速度，反復，変化

歌唱　6年

1 学習の流れ

❶ 歌詞をまず全員で朗読してみます。そして，教科書を用いて歌詞の意味を知り，七五調，二部形式に気付いて歌います。 ▶ **❷** 教師の範唱・範奏を聴きながら視唱します。 ▶ **❸** 速度を変えて歌ってみることで，歌詞の内容にふさわしい速度を考えます。 ▶ **❹** 作曲家の指定した速度で歌い，作曲家が速度に込めた思いを全員で考えます。

2 準備

体験：リズムゲームなどで，速度を変えて同じリズムを打つ経験をしておくとよいでしょう。

教材：拡大した歌詞や楽譜を用意します。

3 学びやすい授業づくりのポイント

①全員で歌詞を朗読します。その際に，**ワークシート❶**により全体が七五調であることに気付かせ，それを生かした朗読ができるようにします。この詩は4行3連の詩ですが，2行ずつに分かれていることにも気付かせます。また教科書から言葉の意味や歌詞の大意を理解します。

②教師の範唱・範奏で音取りをします。この曲は，最低音が低く，また音域もとても広いです。発声などにも気を付けて，丁寧に音取りをしましょう。構成は，A（ab）B（cb）の二部形式です。詩の内容から8小節が1つのフレーズであること，bの部分が2度出てくること，各フレーズの♩♪のリズムの位置に気付かせます。

③この曲について作曲者は♩＝126と指定していますが，これはおおよそマーチのテンポ※に近く，とても軽快な速度です。ですが，比較的ゆったり壮大に歌われることもあります。例えば，♩＝96くらいの速度と歌い比べてみて，それぞれの歌い方からどのようなイメージをもつか，全員で話し合って意見を共有し合います（**ワークシート❷**）。

④最後に，作曲家が速度に込めた思いを考えながら作曲家が指定した速度で歌ってみて，各自どのようなイメージで歌ったかを振り返ります（**ワークシート❸**）。 （瀧川　淳）

参考文献
※　文部省（1914）『尋常小学唱歌　第6学年用』p.10。また教育芸術社では♩＝120〜132，教育出版では♩＝126くらいを指定しています。

歌詞の内容が伝わるよう曲想を考えて
「われは海の子」を歌いましょう

年　　組　名前

Ⅰ　「われは海の子」の特ちょうを発見しましょう。

①歌詞の特ちょうを調べましょう。

われはうみのこ　しらなみの
さわぐいそべの　　まつばらに
けむりたなびく　　とまやこそ
わがなつかしき　　すみかなれ

ヒント　〇と□の数は？

②せん律の特ちょうを調べましょう。

ヒント　4つの段を比べ
てみましょう

2　速度を変えることで、どのような曲想（曲のふんいきや表情）になりますか。

ゆったりとした速度	軽快な速度

3　どのようなことに気付いて「われは海の子」を歌いましたか。

高学年の発声

① まずは斉唱。合唱でのパート選びは児童の気持ちを尊重して

高学年になると，合唱曲を歌う機会も増えてきますが，まずは斉唱（オクターブ下で歌うこともOK）が基本です。初めて歌う歌の音取りの際は，先生自身が音を取るためにピアノを使用するのは有効ですが，できるだけ先生ご自身の範唱を子供たちに聴かせてあげましょう。児童にとっては，ピアノの音よりも，歌声を聴く方が音程が取りやすいからです。また，合唱活動の際には，タブレットなどにパートごとの歌声の音源を入れておき，子供たちが自分で確認できるようにしておくとよいでしょう。パート決めは，子供の声域だけを判断基準にするのではなく，子供自身がどのパートを歌いたいのかを尊重して決めましょう。

② 高学年の男子児童に対する配慮

個人差はありますが，小学校の高学年頃から中学生の初期にかけての時期に，変声が起こるのが一般的です。話し声の高さが約1オクターブ低くなり，音色も変わるなど，男子には急激な変化がみられます。声がひっくり返ったり，しわがれ声になったり，発声のコントロールが上手くいかず，音程が外れやすくなったりします。変声中は，児童が歌いやすい音域だけで歌わせたり，歌いやすい音域に教材を移調したりなど，それぞれの児童の実態に合わせた配慮を行いましょう。児童が歌うことに対しての恥ずかしさや不安感をもたず，躊躇せずに歌唱活動に参加できることが大切です。

③ 高学年の女子児童に対する配慮

昨今，高学年担当の先生から「女子があまり歌いたがらない」という話をよくうかがいます。女子の変声期は，音色の変化が主で，本人も気付かずに終わってしまうことも少なくありません。しかし，高学年の女子は，心身の急激な変化が起き始める時期でもあり，のびのびと身体表現することが恥ずかしくなったり，他者の反応を気にしたりする様子が多く見られます。

歌唱活動では，自分の体が楽器となるため，歌声には児童の心の状態がそのまま反映されます。児童が積極的に歌うことに関われない様子のとき，歌声だけに注目するのではなく，何か他の原因，例えば急激な身体の発達に戸惑っていたり，友人関係での悩みがあったり等が考えられます。児童と対話しながら，心の状態を理解することから始めましょう。　　　　　（小畑 千尋）

参考文献
・小畑千尋（2019）「声変わりの子どもが安心して歌える指導スキル」『小学校音楽　指導スキル大全』阪井恵・酒井美恵子，明治図書，p.80-81

器楽

9 「茶色のこびん」を楽しく合奏しましょう

🎹 授業の特徴 全員でヘ音記号に親しみながら，「茶色のこびん」の低音パートを低音オルガンやマリンバ，シロフォンなどで演奏できるようにします。その後，旋律部分を分担しながら，楽しく合奏します。

📖 ワークシートで身に付く主な力
・音楽の構造を理解する力【知】
・ヘ音記号の楽譜を読む力，音を合わせて演奏する力【技】

🎓 学習指導要領 A表現 (2) 器楽ア， イ(ア) ， ウ(ア) イ ウ ，〔共通事項〕(1) ア ， イ （ヘ音記号）

🧩 要素 音色，リズム，和音の響き，反復

1 学習の流れ

❶ ヘ音記号に慣れるために，音符をなぞって低音パートに親しみます。 ▶ **❷** 鍵盤楽器などで「茶色のこびん」の低音4小節を弾けるようにします。 ▶ **❸** 1人2小節を2回受け持つ方法で，旋律を分担してリコーダーで演奏します。 ▶ **❹** 全員ができるようになった低音パートと4グループの旋律を合わせて楽しく合奏します。

器楽／5年

2 準備

体験：リコーダーでミからミまでの読譜と運指ができるようにしておきます。

教材：全員が「茶色のこびん」の低音パートをできるようにするために，練習用として各自鍵盤ハーモニカを持参します。教室には低音オルガンやマリンバ，シロフォンなどを用意します。

3 学びやすい授業づくりのポイント

①**ワークシート❶①**で，グレーの音符をなぞり，黒く塗って4分音符を書きます。低音パートが10個の音でできていることも理解できるようにします。

②**ワークシート❶②**を使って，低音パートを各自練習します。始める前に教師がお手本を示すとよいでしょう。

③リコーダーで旋律を練習します。教科書よりも取り組みやすいよう単純化してあります。4グループに分けて，2小節を2回担当して演奏すると，無理なく楽しく協力して演奏できます。音楽の構造を理解することにもつながります。

④全員が低音パートを演奏できるようになっているので，4グループから1人ずつ低音パートの楽器を演奏し，次に別の児童が低音パートを担当するなどのように繰り返し合奏を楽しみます。

（酒井 美恵子）

「茶色のこびん」を楽しく合そうしましょう

年　　組　名前

1　全員が低音パートを演そうできるようにしましょう。

①低い音が見やすいへ音記号に親しみましょう。

10個とも♩だよ！

②「茶色のこびん」の低音で使う音をひいてみましょう。

★が真ん中のドだよ！

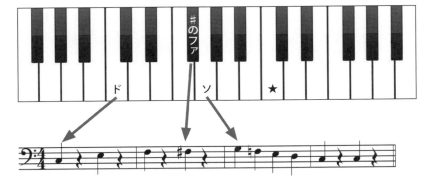

2　せんりつを４グループで分たんして楽しく合そうしましょう。

3　せんりつ４グループ＋低音で楽しく合そうしましょう。

10 Ⅰ−Ⅳ−Ⅴ−Ⅰをチャイムや リコーダーで奏でましょう

🖥 授業の特徴	1人1音担当し，クラスで協働して和音を奏でます。
📄 ワークシートで身に付く主な力	・ハ長調におけるⅠ，Ⅳ，Ⅴ，Ⅴ7の構成音を理解する力【知】 ・指揮に合わせてみんなでタイミングよく音を合わせて演奏する力【技】
🎓 学習指導要領	A表現 (2) 器楽ア，イ(ア)，ウ(ウ)，〔共通事項〕(1)ア，イ (和音，ト音記号)
🧩 要素	音色，和音の響き（ハ長調のⅠ，Ⅳ，Ⅴ，Ⅴ7）

1 学習の流れ

❶ ハ長調の和音記号の呼び方と構成音を学びます。 ▶ **❷** チャイムを1人1音担当して，ハンドサインと指揮に合わせて和音を奏でます。 ▶ **❸** チャレンジとして，各和音の構成音の中の1音を自分で決めて，ハンドサインと指揮に合わせてリコーダーで演奏します。

2 準備

体験：・Ⅰ（起立）−Ⅴ（礼）−Ⅰ（もとの姿勢に戻る）の挨拶体験をしておきます。

・4拍子の指揮の体験をしておきます。

・教師が右手で4拍子の指揮をしながら，左手で✊✌️🖐などのハンドサインができるようにしておきます。

3 学びやすい授業づくりのポイント

①Ⅰ−Ⅴ−Ⅰの挨拶体験をし，「なぜ礼ができるか」などの発問から，和音に着目させます。

②教科書で和音について確認して**ワークシート**を用いる学習に入ります。

③**ワークシート❶**では，グレーの音符をなぞって和音の構成音を楽譜で確認します。その際に，実際に音を出して和音の響きを感じることができるようにします。楽譜よりもカタカナのドレミのほうが分かりやすい児童には，音符の横に書いてよいことにしましょう。

④**ワークシート❷**では，ハンドチャイムなどで1人1音受けもち，教師の4拍子の指揮を見ながら1拍目に和音を奏でます。ハンドサインは音を出す1拍前に指示すると児童が見やすくなります。🖐がⅤを表すか，Ⅴ7にするかはその都度指示しましょう。

⑤**ワークシート❸**は各和音の構成音の中で児童が自分で担当する音を決め活動します。

⑥**ワークシート❷**と**❸**は合図役を児童が交替して行うことで，指揮の力や指揮を見て音を出す力が高まります。指揮とハンドサインを同時に行うのは高度なので，1拍目の音色を変えて4拍子のメトロノームを用いたり，指揮役の児童とハンドサイン役の2名の児童が前に出たりする活動にしてもよいでしょう。

（酒井 美恵子）

Ⅰ－Ⅳ－Ⅴ－Ⅰをチャイムやリコーダーでかなでましょう

年　　組　名前

1 ハ長調の和音を完成させ、和音の中の音を演そうしましょう。

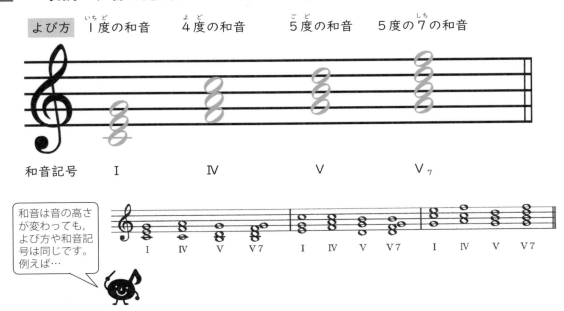

| よび方 | １度の和音 | ４度の和音 | ５度の和音 | ５度の７の和音 |

和音記号　　　Ⅰ　　　　　　Ⅳ　　　　　　Ⅴ　　　　　　Ⅴ₇

和音は音の高さ
が変わっても，
よび方や和音記
号は同じです。
例えば…

2 １人１音、チャイムをたん当し、ハンドサインと指きに合わせて和音をかなでましょう。

チャイム

ひとこと感想

3 チャレンジ！和音の中の好きな音を１音決めて、ハンドサインと指きに合わせてリコーダーで演そうしましょう。

ひとこと感想

11 フォスターの名曲に和音を付けて美しく奏でましょう

授業の特徴 和音の知識とそれまで学んだ歌や楽器の技能を生かして，既習のフォスターの名曲に，グループで和音を付けて音楽表現の工夫をします。

ワークシートで身に付く主な力 ・旋律や曲の構成に合った美しい和音の演奏の仕方を考える力【思判表】

学習指導要領 A表現 (2) 器楽⑦，イ(ア)(イ)，ウ(イ)(ウ)，〔共通事項〕(1)⑦

要素 音色,リズム,速度,強弱,音楽の縦と横との関係(Ⅰ,Ⅳ,Ⅴ₇の「和音の響き」とその移り変わりと，「旋律」との関係)

器楽 5年

1 学習の流れ

❶ 既習のフォスターの名曲に和音を付けて美しく演奏する目標を知ります。

❷ 目標に向けて，旋律を歌か笛か，和音の楽器を何にするかグループで考えます。

❸ 速度や強弱を工夫して，グループごとに和音の音楽表現を工夫します。

❹ クラス内発表会で，旋律は他の児童が担当する方法で発表し，お互いに工夫と演奏のよさを学び合います。

2 準備

体験：・「静かにねむれ」や「こきょうの人々」を歌とリコーダーで演奏できるようにしておきます。

　　　・ハ長調のⅠ，Ⅳ，Ⅴ₇の和音を理解し，鍵盤楽器やリコーダー，チャイムなどで奏でる経験をしておきます。（「10　Ⅰ－Ⅳ－Ⅴ－Ⅰをチャイムやリコーダーで奏でましょう」（p.34）がおすすめです）

教材：和音の構成音が分かる教科書ページや**ワークシート**などを用意します。

3 学びやすい授業づくりのポイント

①クラスを旋律（歌，リコーダー）と和音（1人1音のチャイム，和音の構成音を演奏するリコーダーや鍵盤ハーモニカ等）に分けて，合わせて演奏する体験をします。旋律と和音のどちらも体験できるように繰り返します。

②和音を付ける際に，A（1〜4小節）A'（5〜8小節）B（9〜12小節）A'（13〜16小節）という二部形式に気付かせてBを盛り上げるリズムで和音を奏でる体験をします。例えばAとA'は1拍だけ音を出して後は伸ばし（ 𝅝 全音符），Bでは1拍目と3拍目に音を出す（ 𝅗𝅥 2分音符）ことで盛り上げるなどの体験が，グループの工夫のヒントになります。

③グループ別に和音の表現を工夫して，他の児童に歌かリコーダーを演奏してもらって，みんなで演奏し，工夫やよさを学び合います。

（酒井　美恵子）

フォスターの名曲に和音を付けて美しくかなでましょう

年　　組　名前

「静かにねむれ」

作曲　フォスター

どのように
演そうするか
決めましょう

せん律は　　　　歌　　リコーダー

和音の楽器　　　　　美しく演そうする工夫

_____　　_____

「こきょうの人々」

作曲　フォスター

どのように
演そうするか
決めましょう

せん律は　　　　歌　　リコーダー

和音の楽器　　　　　美しく演そうする工夫

_____　　_____

12 「威風堂々」の旋律をリコーダーと鍵盤ハーモニカで吹きましょう

授業の特徴 「威風堂々 第1番」の鑑賞（活動26, P.70）と関わらせて, 鑑賞で味わったイメージをもって旋律を演奏します。

ワークシートで身に付く主な力
・ハ長調の楽譜を見て, リコーダーや鍵盤ハーモニカを演奏する力【技】
・互いの楽器の音を聴きながら, 各声部の音を合わせて交互に演奏する力【技】

学習指導要領 A表現 (2) 器楽ア, イ(イ), ウ(ア)ウ, 〔共通事項〕(1)ア

要素 音色, フレーズ, 呼びかけとこたえ

1 学習の流れ

❶ 「威風堂々 第1番」を鑑賞する学習をします。 ▶ **❷** ゆったりとした中間部の旋律の一部をリコーダーと鍵盤ハーモニカで演奏して楽しみます。この学習で**ワークシート**を活用します。 ▶ **❸** 再度「威風堂々」第1番を聴くと, 一層よさを味わうことができます。

器楽 5年

2 準備

体験：「26 イギリスの音楽会に行ったつもりで『威風堂々』を聴きましょう」（p.70）の学習と関連させます。鑑賞の後に本活動を行ってもよいし, 活動26の**ワークシート❸**「紹介文を書く」前に本活動を取り入れるのもおすすめです。

3 学びやすい授業づくりのポイント

①**ワークシート❶**で, 階名で歌うことで楽器の譜読みにつなげます。

②リコーダーグループと鍵盤ハーモニカグループにクラスを分けます。次のことを伝えて, 取り組みたい楽器を選ぶようにすると意欲が高まります。

・リコーダーは, 練習番号❶は左手だけであるが, ❸には「両手の運指」「ファのシャープ」「サムホールを開ける高い音」が出てくるという難しさがある。

・鍵盤ハーモニカは, ❷と❹で手のポジションが変わる難しさがある。

③リコーダーグループと鍵盤ハーモニカグループに分かれ, **ワークシート❷**の運指表や❸のポジションのマークなどを参考にしながら, 吹けるように練習します。それぞれの楽器が得意な児童がいれば, パートリーダーに任命して, その児童を中心に協力して練習します。

④お互い聴き合いながら, ❶ → ❷ → ❸ → ❹ と演奏します。

⑤次に各パート3名で計6名程度の小グループになり, どのようなイメージで演奏するかを相談して**ワークシート❹**に記入し, 練習後クラス内で発表し合います。 （酒井 美恵子）

「威風堂々」のせんりつをリコーダーと けんばんハーモニカでふきましょう

い ふうどうどう

年　　組　名前

1 ドレミで歌ってみましょう。

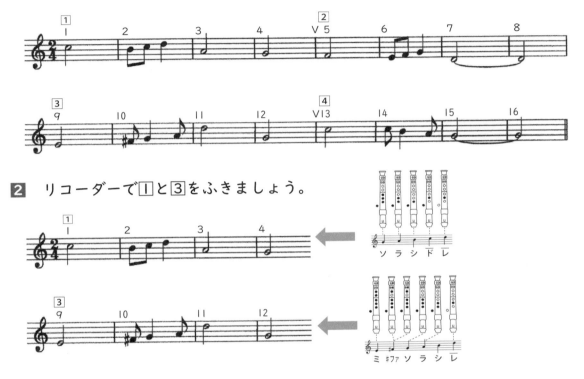

2 リコーダーで①と③をふきましょう。

3 けんばんハーモニカで②と④をふきましょう。

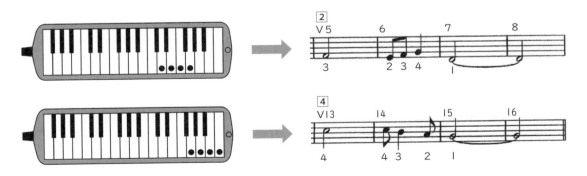

4 リコーダーとけんばんハーモニカで交ごにふいてすてきな演そうにしましょう。

演そうのイメージ：

13 小さい子に吹いてあげられる レパートリーを増やしましょう

授業の特徴	低学年のときに歌った歌を思い出し，人に伝える音楽として再確認します。
ワークシートで身に付く主な力	・こんな風に吹いてあげたいという思いや意図に合った表現で暗譜してリコーダーを演奏する力【技】 ・身近な小さい子供たちを想定しながらどのように吹くかを考える力【思判表】
学習指導要領	A表現 (2) 器楽㋐，イ(㋐)，ウ(㋑)，〔共通事項〕(1)㋐
要素	音色，速度，強弱

1 学習の流れ

❶ 小さい頃に身近な人と一緒に歌ったり，音楽を聴かせてもらったりしたときの思い出を話し合います。

→

❷ 低学年のときに歌った歌を，今度は6年生らしい美しい音色のリコーダーで吹いてあげられるよう練習します。

→

❸ どのように吹いてあげたいかという思いや工夫を記入し，暗譜ができたら○を完成させます。

2 準備

体験：ワークシートの4曲で用いる音（記譜音1点ハ音〜2点ニ音）の読譜とリコーダーの運指を経験しておきます。

3 学びやすい授業づくりのポイント

①教師が歌ったり，低学年のときに聴いた範唱CDを聴いたりして，4曲を思い出します。

②それぞれの曲の思い出や，身近な人に歌を歌ってもらったり楽器を演奏してもらったりして嬉しかった思い出を話し合います。

③リコーダーを3年以上吹いてきて，美しい音色になった6年生なので，小さい子供たちが笑顔になるような演奏のレパートリーを増やすというねらいを知り，練習を始めます。

④ワークシートの「こんな風にふいてあげたい」の欄に，工夫を記入します。

⑤自分なりのペースでレパートリーを増やします。

⑥ペア学習で暗譜ができたか聴き合い，できたら○を完成させます。

記入例：「小さい子が一緒に歌いやすいように，体を動かして拍を感じやすくしたい」「目を見ながらやさしく歌ったりギターを演奏してもらって嬉しかったから，自分もやわらかい表情で吹く」「虫のこえの5小節目と6小節目は歌詞に合わせて吹く。例えばチンチロチンチロは tu-tutu，tu-tutu，ガチャガチャガチャガチャは tutututu，tutututu みたいに。そのほうが歌に合いそうな気がする」等

⑦「こんな風にふいてあげたい」をいくつか教師が紹介し，暗譜してレパートリーにできた児童が吹きます。4曲順番に行います。

（酒井 美恵子）

小さい子にふいてあげられるレパートリーを増やしましょう

年　　組　名前

　3年生からリコーダーの勉強をしてきました。そのリコーダーで、なじみのある音楽を演奏したら、小さい子供たちは笑顔になります。小さい子供たちにふいてあげられるレパートリーを増やしましょう。

リコーダーの集大成！「ドーナ ノービス パーチェム」を美しく演奏しましょう

授業の特徴 パートの特徴を理解して，音色や速度，パートのバランスなどを意識して，自分たちで美しい演奏になるよう音楽表現の工夫をします。ピッチの合ったリコーダー アンサンブルの美しさをつくり出します。

ワークシートで身に付く主な力 ・重奏の音楽表現を工夫する力【思判表】

学習指導要領 A表現 (2) 器楽⑦，イ(ア)，ウ(イ)(ウ)，〔共通事項〕(1)⑦，⑦

要素 音色，速度，旋律（スラー），強弱，音楽の縦と横との関係（3つのパートの音の重なり方）

1 学習の流れ

❶「ドーナ ノービス パーチェム」を聴いて，アンサンブルのイメージをもちます。

❷ パートを固定するか，チャレンジとして全部を読譜して輪唱のようにするか決めます。

❸ グループでスラーやピッチに気を付けて，美しく音楽表現の工夫をします。

❹ クラス内発表会で，音楽表現の工夫と演奏のよさを披露し合います。

2 準備

体験：次の①～⑥の体験や学習をしておきます。①指揮などにより3拍子を意識する。②ト長調の音階を学ぶ。③リコーダーで高いミまでとファのシャープの運指ができるようにする。④リコーダーのスラーの技能を身に付ける。⑤リコーダーの音をチューナーで合わせる経験をする。⑥インターネットで調べ学習をする経験をしておく。

教材：各自でリコーダーを持参します。グループごとにチューナーを用意します。導入のために，輪唱の映像や音源を用意します。

3 学びやすい授業づくりのポイント

①リコーダー アンサンブルに取り組む「平和を我らに」という日本名の美しい輪唱曲を，原曲の歌唱で聴き，よさを味わいます。

②パート1，2，3の難易度を伝え，パートをグループ内で固定して音楽表現の工夫をしてもよいし，チャレンジとして，全部のパートを吹けるようにして，パート1→パート2→パート3の順で演奏し，輪唱のように8小節ずれて演奏する方法でもよいことにします。

③グループでチューナーを使って折々高さを合わせながら練習し，美しい演奏になるよう音楽表現の工夫をします。ネット上の様々な「Dona nobis pacem」の表現を視聴し参考にします。

④クラス内で言葉と演奏で披露します。

パート1：スラー7回（一番難しいパート）

パート2：スラー2回（取り組みやすいパート）

パート3：スラー3回（7小節目が難しい）

（酒井 美恵子）

リコーダーの集大成！
「ドーナ ノービス パーチェム」を美しく演奏しましょう

<u>年　　組　名前</u>

1 今まで身に付けてきたリコーダーの力を発揮して、グループで音楽表現の工夫をしましょう。

ド ー ナ ノ ー ビ ス パ ー チェム
Dona nobis pacem（平和を我らに）

2 グループの工夫を書きましょう。

15 三味線に挑戦！「口唱歌（しょうが）」と「つま弾き」を体験しましょう

- **授業の特徴** 三味線の音色に興味・関心をもち，三味線のつま弾きに挑戦します。
- **ワークシートで身に付く主な力** ・姿勢や体の使い方を意識して三味線をつま弾く力【技】
- **学習指導要領** A表現 (2) 器楽ア，イ(イ)，ウ(イ)，〔共通事項〕(1)ア
- **要素** 旋律，音色

1 学習の流れ

❶ ワークシート■の内容を確認後，三味線を持たず，ワークシート■の内容を口唱歌で唱えて，音に慣れます。

❷ グループになり，ワークシート■を活用し，音の高低を確認し，つま弾きでパターンを練習し，三味線の音や響きに親しみます。

❸ ワークシート■を活用し，口唱歌で唱えながら3本の糸をつま弾き，糸の音色や響きを楽しみます。

2 準備

教材：・右のような「三下がり」に調弦しておきます。調弦の際は，チューナーもしくは調子笛などを用います。

・調弦は，平らな場所に三味線を置き，写真Aのように二の糸の糸巻きは親指をかけて，一，三の糸巻きは，写真Bのように，二の糸巻きを左の腰骨辺りに押し付けて巻くと安定した作業ができます。

・指かけ（指すり），胴かけ，ひざゴムを用意します。

一　二　三

A　　　B

3 学びやすい授業づくりのポイント

①三味線を弾くときのルールを知り，つま弾いて（指先で弾いて鳴らす）三味線の音に親しみます。三味線を構えたら，一の糸，二の糸，三の糸の順に音を出して，開放弦の音が合っているかを確かめます。調弦作業は，児童には難しいため，教師が行うようにしましょう。

②**ワークシート■**の①〜③のパターンを教師のつま弾きに合わせて児童は「ドン　トン　テン」のように口唱歌（しょうが）で唱えて，3本の糸の高低や音色を確かめます。

③**ワークシート■**の①〜⑥を活用して，開放弦のつま弾きを練習します。一の糸から順を追って練習できる6つのパターンを示しています。**ワークシート■**の⑤，⑥が三の糸から一の糸へ戻るパターンです。慣れてきたら口唱歌で唱えながらの弾き歌いにもチャレンジしてみてください。1人が弾いて，1人が口唱歌で唱えるペアワークもおすすめです。

④**ワークシート■**では，学んだことを生かして3拍をつくって大画面に映しみんなで楽しみます。

（宮本　憲二）

器楽／6年

三味線にちょう戦！「口唱歌」と「つまびき」を体験しましょう

<u>　　年　　　組　名前　　　　　　　　　　　　</u>

1　次の２つの内容を確認しましょう。

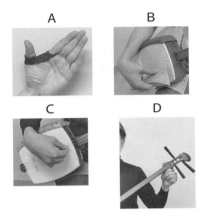

A　　　　B

C　　　　D

①背筋をのばして座ります。左手の親指と人差し指に指
　かけ（指すりとも言います）をします（写真A）。右
　の太ももにひざゴムをしき、その上に三味線のどうを
　置きます。少し手前にかたむけおさえこむように安定
　させてバチを使ってひきます（写真B）。この学習で
　はバチを持たずつまびきしますから写真Cのように構
　えましょう。さおは、糸巻きが耳の辺りにくるまで上
　げ、指かけをした左手で支えます（写真D）。

②三味線の糸は、手前から一の糸、真ん中が
　二の糸、一番遠い場所にあるのが三の糸で
　す。左手の指でげんをおさずに音を出すこ
　とを開放げんといいます。また、楽器の音
　やひき方を、日本語で表すことを「口唱歌」と言います。右のカタカナが口唱歌です。

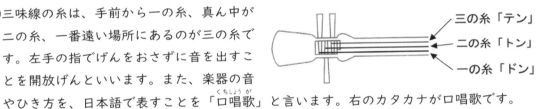

三の糸「テン」
二の糸「トン」
一の糸「ドン」

2　６つの練習曲にチャレンジ！　３本の糸が連続するところ、音が下がって
　いくところに注意しましょう（㊗は１拍休み、一の糸「ドン」、二の糸
　「トン」、三の糸「テン」）。

		ひとこと感想
①	一二三㊡一二三㊡一二三㊡三	
②	一二一二一二二	
③	二三二三二三三	
④	一一一㊡二二二㊡三三三㊡一	
⑤	三三三㊡二二二㊡一一一㊡一	
⑥	三二一㊡三二一㊡三二一㊡一	

3　続きをつくって、みんなで楽しみましょう。
　　上の練習曲から選んでもOK！

ドン	トン	テン					
一	二	三	㊡				㊡

三味線に挑戦！「たこたこあがれ」を弾いてみましょう

🖥 授業の特徴	三味線の演奏の仕方を知り，音をイメージして三味線演奏にチャレンジします。
📄 ワークシートで身に付く主な力	・楽器の音色や響きと演奏の仕方との関わりについて理解する力【知】 ・音色や響きに気を付けて，三味線で簡単な旋律を演奏する力【技】
🎓 学習指導要領	A表現 (2) 器楽ア， イ(イ) ， ウ(イ) ，〔共通事項〕(1) ア
✚ 要素	旋律，音色

1 学習の流れ

❶ ワークシート**1**の内容をみんなで確認し，一から三の糸までを，開放弦で練習します。

❷ ワークシート**2**を活用し，二の糸の「3」のポジションを口唱歌で唱えて，正しい音で弾けるよう練習します。

❸ ワークシート**2**の楽譜に示した□，○，┈の箇所をグループで分担し，「テン」「ツン」の口唱歌で唱えながら，練習します。

❹ 「たこたこあがれ」の歌詞に沿って，最初から最後まで弾き歌いをして，楽しみます。

2 準備

体験：「たこたこあがれ」を歌えるようにしておきます。

教具：・使用する三味線は三下がりに調弦します。

　　　・三味線を弾くときの基本事項などを「15　三味線に挑戦！『口唱歌』と『つま弾き』体験」（p.44）で述べていますので参照してください。

3 学びやすい授業づくりのポイント

①**ワークシート1**の内容をみんなで確認した後，一から三の糸までを，それぞれ開放弦で練習し，慣らしを行います。

②**ワークシート2**では，まず二の糸の「3」の勘所（ポジション）を左手の人差し指で押さえます。練習の際は，「ツン」という口唱歌で覚えます。**ワークシート**にポジションのおおよその位置を示していますが，これは目安ですから実際に押さえて正しい音が出させる位置を確認しましょう。なお，通常，左手の人差し指，中指の爪に糸道を作り，その道で糸を押さえますが，児童の場合それは難しいため，指の腹で押さえるようにしましょう。

③**ワークシート2**の楽譜に示した□や○，┈の箇所を分担し，「テン」「ツン」で口唱歌して練習します。

④「たこたこあがれ」の歌詞に沿って弾き歌いをします。部分的あるいは，最初から最後までのチャレンジなど，選択できるようにするとよいでしょう。短い曲なので，歌詞を覚えての弾き歌いをしてみましょう。

（宮本　憲二）

器楽

6年

三味線に挑戦！「たこたこあがれ」をひいてみましょう

<u>　　　　年　　　組　名前　　　　　　　　　　　</u>

1　バチの持ち方を覚えましょう。

　バチは、中指、人差し指、親指の３本でにぎり、小指を反対側からはさみこみます。糸をひくときは、さおの付け根から2.5cm前後の場所をバチでバチ皮を打つようにしてひきます。

☆おおよそのポジションの位置

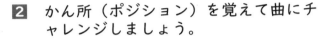

2　かん所（ポジション）を覚えて曲にチャレンジしましょう。

①三本の糸を、それぞれ開放げんでひいてみましょう。

②左手で糸をおさえて、音の高さを変えることができます。おさえるときの正しい位置のことを「かん所（ポジション）」といいます。ここでは、二の糸の「3」のポジションを使います。二の糸の「3」のポジションを確認して練習しましょう。二の糸の「3」は三の糸にふれないようにしておさえましょう。

③ふ面の　□□　、○　、□□（点線）　を分担して、口唱歌で唱えながらひいてみましょう。

④最初から最後まで歌詞をつけて、ひき歌いしましょう。

読譜指導のあり方〜音高と音程〜

① まずは子供のモチベーション！アクティブな実践を

　楽譜はあくまで音楽の記録媒体であって音楽そのものではないので,「音楽好き」と「読譜好き」は必ずしもイコールではありません。従って,読譜指導にはちょっとした工夫が必要になります。例えば,教師が三線譜上の音符を指差しながら「ア〜ア〜ア〜♪」のように範唱し,それに対して子供が「ド〜ミ〜レ〜♪」と歌で応えるコールアンドレスポンスや,「4分音符＝ター」「8分音符2つ＝ティティ」「付点8分音符＋16分音符＝ティーッカ」のようにリズム呼称を決めてそれを口ずさみながら行うリズム打ちなど,読譜にゲーム性をもたせてみてはいかがでしょうか。さらに,範唱役を子供に任せたり,リズム呼称をカードにして子供に持たせ音楽づくり的な活動にしたりすることで,より面白い実践に発展させることもできます。「読譜練習のために音符の下にドレミを書かせたらカタカナを読むだけで読譜力が育たない」ということにならないために,「活動にどれだけ能動性を付与するか」がポイントになります。

② 読譜とは「音と音の間の距離」を感じ,覚えていくこと

　さて,このコラムでは,読譜教育の価値についてもう少し深く考えてみましょう。実は,「読譜ができる」と「音符を見てドレミを答えることができる」は本来同義ではないのです。

　英語では,音高（pitch）と音程（interval）は明確に使い分けられています。音高とは絶対的な音の高さのことで,「442Hz＝ラ」のように特定の周波数で鳴る音高には音名が割り当てられます。「1つの音を聴いただけで音名がわかる」能力のことを絶対音感といったりしますね。一方で,音程とは2つの音の距離のこと。ドとレの間の距離,ドとソの間の距離等,相対的な音の距離を音程と呼ぶのです。下のドから上のドまでの距離をオクターブと呼ぶことは皆さんもご存知でしょう。そして読譜ができることのメリットは,音と音との距離感,すなわち音程を感じながら,そしてその音程に備わるエネルギーを感じながら歌える（演奏できる）,ということなのです。

（ミ）

③ 体を使って音程を感じよう

　例えば「ドとレの間の距離」と「ドとソの間の距離」は全然違うので,「ド〜レ〜♪」と歌うのと「ド〜ソ〜♪」と歌うのとでは,次の音へ移る際の勢い,つまり「よっこいしょっ」という移動のエネルギーのようなものが全く異なります。大胆な跳躍を含む旋律を演奏する際,演奏家は力学的ともいえるエネルギーを感じているのです。このような「音程に備わるエネルギー」を意識するために,例えば右図のように体を使って読譜をする活動等を取り入れてもよいかもしれません。身体的で感覚的で有機的な読譜練習を目指しましょう！

（レ）

（ド）

（長谷川 諒）

音楽づくり

17 1分間ミュージック──チャイムや ツリーチャイムで大自然を表しましょう

💻 授業の特徴	映像のイメージをもとに，様々な自然の様子を即興的に表現します。
📄 ワークシートで 身に付く主な力	・色々な音の響きや重ね方による面白さに気付く力【知】 ・1分間でイメージに合うよう即興的に表現する力【技】 ・イメージに合う音色や鳴らすタイミングを発想する力【思判表】
🎵 学習指導要領	A表現 (3) 音楽づくり ア(ア)，イ(ア)，ウ(ア)，〔共通事項〕(1)ア
⚙ 要素	音色，音楽の縦と横との関係

1 学習の流れ

❶ 星や風を捉えた大自然の映像数種類を鑑賞します。

❷ 星や風をイメージさせる音の表現をつくるために，ふさわしい楽器を考え，名前を出し合います。

❸ グループごとに，1分間をどのように構成するか考え，プロットを作成します。

❹ つくった1分間の表現を発表します。観客は，目をつぶって，イメージを膨らませながら聴きましょう。

2 準備

体験：様々な楽器の名前と演奏の仕方を学習済みであるとよいでしょう。

教具：各種楽器。秒針のある時計。タイマー機能の付いたストップウォッチ。スマートフォンのタイマー機能を用い，つくった作品に合ったアラーム音を選択してもよいでしょう。

3 学びやすい授業づくりのポイント

①**学習の流れ❶**では，夏の夜空の天の川，白神山地の原生林，ススキの揺れる秋の草原など，季節と自然の感じられる映像を，無音にして鑑賞します。そして，教師から「こういう光景を音だけで表現するとしたら，どんな楽器が合いそうかな？」と子供たちに問いかけ，**学習の流れ❷**に入っていきます。適宜教師から，ミュージックベルやウィンドチャイムなどの楽器を提示し，楽器の奏法にも工夫の余地があることを伝えましょう。

②**学習の流れ❸**では，**ワークシート**を使っておおよそのプロットを作成します。「ウィンドチャイムの短いほうをそっと触る」「ミュージックベルのCを強く振る」等，子供たち自身が分かりやすいように記録し，実際に時間を計りながら試行錯誤していきましょう。

③発表を行う**学習の流れ❹**では，事前に発表者が「どんな大自然の光景をつくったか」を伝えるのもよいですが，情報を伏せて発表を行い，「どんな光景だったでしょう？」と聴き手に尋ねるのがおすすめです。「トライアングルの音が，冷たい夜の空気みたいだった」「平太鼓のリズムが，日本の山の森の中を風が通っていくみたいだった」等，子供たちが音を根拠にしつつ自らが想像した光景を語れるように，教師は働きかけていきましょう。

(森 薫)

音楽づくり／5年

50

1分間ミュージック
——チャイムやツリーチャイムで大自然を表しましょう

<u>　　年　　組　名前　　　　　　　　　　　</u>

◆グループ名…「　　　　　　　　　　　　　」

◆グループのメンバー…「　　　　　　　　　　　　　　　　　　　」

◆表したい大自然の光景…「　　　　　　　　　　　　　　　　　　　」

◆その光景をつくっているものと、それに合った楽器

	その光景をつくっているもの	それを表現する楽器・演奏の仕方
例	太陽が木の枝の間をぬけていく光	ウィンドチャイムの真ん中ををゆっくりさわる
1		
2		
3		
4		
5		
6		
7		
8		
9		
10		

◆プロット（おおまかな流れ）

時間	楽器による表現	担当者
0－10秒		
10－20秒		
20－30秒		
30－40秒		
40－50秒		
50－60秒		

18 ロンド形式を生かしてリズムの音楽をつくりましょう
—— エピソード部をつくるよ！ラストをキメるよ！

授業の特徴 ロンド形式のよさを理解して，イメージに合った音楽をつくります。音色やリズムの変化を楽しみながら，どのように音楽をつくるかについて，グループと個人でよく考え表現します。

ワークシートで身に付く主な力
・音やリズムのつなげ方の特徴を理解する力【知】
・ロンド形式を用いてつくる力【技】
・全体の構成を意識して，このようなリズムの音楽をつくりたいという考えをもつ力【思判表】

学習指導要領 A表現 (3) 音楽づくり ア(イ)，イ(イ)，ウ(イ)，〔共通事項〕(1)ア

要素 音色，リズム，反復，変化

1 学習の流れ

❶ ロンド形式を理解します。

❷ 主題部をグループで選びます。

❸ 1人でエピソード部※を8拍つくります。

❹ グループでラストをカッコよくつくります。（最後の主題部後にみんなでジャンプ！　など）

❺ 工夫を述べて，グループごとにつくった作品を発表します。

※エピソード部とは，主題と主題の間の挿入部を指します。

2 準備

体験：教師が打つ4拍のリズムをまねする体験をしておきます。

3 学びやすい授業づくりのポイント

①児童の手元の**ワークシート**と同じものを大画面に映して説明します。

②つくる前に，児童が主題部＋教師がつくったエピソード部を表現という体験をし，作品のイメージがもてるようにします。

③簡単な記譜，あるいは記譜なしでもよいことにして，お互い聴き合ったり，8拍のリズムを表現したりすることに集中できるようにします。

④失敗 OK の雰囲気で進めます。短い作品なので，発表で失敗した児童がいたら，「少し速かったかもしれないから，もう少しゆっくりやってみましょう！」などと安心して失敗できる雰囲気で進めます。

4 即興的な音楽づくりにも変身できます！

次のような流れで活動すると，短い時間で楽しく拍の流れにのって音楽をつくる力が付きます。

❶ 決めた主題部をみんなで演奏。

❷ 真ん中を向く大きな輪になって1人ずつ体の色々なところを8拍叩いてエピソード部を即興。

❸ 決めた主題部をみんなで演奏。

最後 ラストはあらかじめ決めておいたキメリズム！

参考文献
・阪井恵・酒井美恵子（2018）『音楽授業のユニバーサルデザイン　はじめの一歩』明治図書

（酒井　美恵子）

音楽づくり｜5年

52

ロンド形式を生かしてリズムの音楽をつくりましょう
── エピソード部をつくるよ！ラストをキメるよ！

年　　組　名前

> ロンド形式とは：主題部−エピソード１−主題部−エピソード２−主題部−
> エピソード３−主題部…というように、主題部がエピソード部をは
> さんでくり返す音楽の形式のことです。エピソード部とは、主題と主
> 題との間に演そうされる部分です。主題部はいつも同じです。エピソ
> ード部は変化します。

１ グループで主題部を①と②のどちらにするか決めましょう。

①ロックみたいなリズム

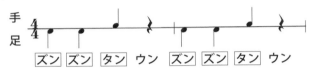

②ポップスみたいなリズム

２ １人で８拍のエピソード部をつくりましょう。

１	２	３	４	５	６	７	８

①自分が分かれば大丈夫。音符を書かずに「ズンタタ」などでOK！

②手だけでも足だけでもOK！

③１〜４拍をくり返して５〜８拍にしてもOK！

３ カッコいいラストをグループみんなで考えましょう。

４ ロンド形式で発表できるよう練習しましょう。

５ 工夫を発言してから、発表しましょう。

６ ふり返りをしましょう。

		感想	先生から
１　エピソード部のそう作	□ (*^−^*)　□ (^−^)　□ (＞＜)		
２　グループ協力	□ (*^−^*)　□ (^−^)　□ (＞＜)		
３　作品の発表	□ (*^−^*)　□ (^−^)　□ (＞＜)		

19 コンピュータで旋律をつくりましょう

授業の特徴	五音音階を用いて，音階を生かした旋律をつくります。	
ワークシートで身に付く主な力	・曲想と音階との関わりについて理解する力【知】 ・音階の味わいを生かした旋律をつくる力【技】 ・イメージをもって旋律を考える力【思判表】	
学習指導要領	A表現 (3) 音楽づくり ア(イ)，イ(イ)，ウ(イ)，〔共通事項〕(1)ア	
要素	旋律，音階（メジャーペンタトニック，マイナーペンタトニック）	

1 学習の流れ

❶ 使うリズムを確認します。♩♩♩ ｜ ♩♩♩ ｜ ♩♩♩♩ ｜ ♩♩♩ です。

❷ GarageBand の scale から「メジャーペンタトニック」と「マイナーペンタトニック」の味わいを知り，グループで選択します。

❸ 2つのルールで灰色鍵盤の間を使って旋律をつくります。曲名を付けます。

❹ つくった旋律を，発表し合いましょう。

2 準備

体験：タブレットの操作をする体験をしておきます。

教材：音楽制作アプリ "Garage Band（以下 GB）"（iphone，iPad 等対応の Apple 社の無料アプリ）の入ったタブレットを数名のグループに１つ。教師のタブレットを映す大画面。

3 学びやすい授業づくりのポイント

①**ワークシートの❶ステップⅠ**のリズムを手で打ちます。「タンタンターン」など，言葉を付けると分かりやすくなります。

②教師のタブレットを大画面で映しながら GB の鍵盤画面を出し scale のボタンをタップして，2つの五音音階の音を紹介します。網かけの鍵盤(ここでは灰色鍵盤とします)を開始音にして，指定のリズムで演奏します。「メジャーペンタトニック（C－D－E－G－A）」はヨナ抜き長音階です。多くの童謡に用いられています。「マイナーペンタトニック（C－E♭－F－G－B♭）」は民謡音階です。「こきりこ節」など多くの民謡の音階です。

③グループで GB を操作して音階を選び，鍵盤をタップしながら，ルールの中で旋律をつくります。基本はC3とC4の灰色鍵盤の間を使うようにし，つくりたいイメージに合わせて，C2とC3の間（低い音）やC4とC5の間（高い音）を使うように伝えましょう。

④**ワークシート❶ステップ2**では，下の灰色鍵盤を始まりと終わりにしていますが，作品の始まりと終わりは，上下どちらの灰色鍵盤でもよいことを助言します。

⑤つくっているうちに，色々イメージがわいてきますので，作品に曲名を付けて工夫を発言してから発表し合い，他のグループの作品のよさも味わいます。

(森 薫)

音楽づくり｜5年

コンピュータでせんりつをつくりましょう

<u>　　　年　　　組　名前　　　　　　　　　　　　</u>

1 GarageBand（ガレージバンド）のけんばんの `scale`（スケール）から、次の2つの `scale` のふんいきをメモしましょう。

〈方法〉

ステップ1　次のリズムを手で打ちましょう。

```
 ♩   ♩   ♩ │ ♩   ♩   ♩ │ ♩  ♩  ♩  ♩ │ ♩  ♩  ♩
 1   2   3   4   5   6   7   8   9  10  11  12  13  14  15  16
```

ステップ2　先生が2つの `scale` で色の付いたけんばんの下の音から上へ、上の音から下へリズムにのってタップしますので、ふんいきを感じ取りましょう。

1		2		3	4		5		6		7	8
16	15	14	13	12			11		10		9	

ステップ3　2つの `scale` から感じたふんいきを書きましょう。

`scale`	ふんいき
メジャーペンタトニック	
マイナーペンタトニック	

2 気に入った `scale` を選び、ステップ1のリズムで16拍のせんりつをつくりましょう。

気に入った `scale` 　メジャーペンタトニック　　マイナーペンタトニック せんりつをつくるルール ①はい色けんばんから始めて、はい色けんばんで終わる。 ②なるべくとなり合った音を使うとよい。	気に入った理由

3　発表会　曲名と工夫を言ってから発表しましょう。

曲名：   工夫：

20 和音を生かして歌をつくりましょう

📖 授業の特徴 　7文字＋7文字言葉の歌詞とⅠ，Ⅳ，Ⅴ₇，Ⅰの和音を生かし，抑揚を意識して，まとまりのある歌をつくります。

📄 ワークシートで身に付く主な力
・和音進行と音のつながり方の特徴を理解する力【知】
・和音と言葉の抑揚に合った歌をつくる力【技】
・このように表したいという考えをもつ力【思判表】

🎓 学習指導要領 　A表現 (3) 音楽づくり アイ，イイ，ウイ，〔共通事項〕(1)ア

🧩 要素 　音楽の縦と横との関係（Ⅰ－Ⅳ－Ⅴ₇－Ⅰの和音の進行と旋律との関係）

1 学習の流れ

❶ 7文字＋7文字の歌詞をつくります。　▶　**❷** 和音の中の音から旋律を始めるなどのルールで2小節の歌をつくります。　▶　**❸** 清書して，大画面に映してクラスみんなで歌と楽器で演奏します。

2 準備

体験：Ⅰ，Ⅳ，Ⅴ₇の和音の構成音を理解し，実際に和音の響きに親しんでおきます（「10　Ⅰ－Ⅳ－Ⅴ－Ⅰをチャイムやリコーダーで奏でましょう」（p.34），「11　フォスターの名曲に和音を付けて美しく奏でましょう」（p.36）等）。

教材：旋律をつくる際に，音を確かめるために鍵盤ハーモニカやリコーダーなどを各自用意します。また，作品を映せるよう書画カメラと大画面を用意します。

3 学びやすい授業づくりのポイント

①**ワークシート❶**で歌詞をつくる際に留意したいことは，明るく楽しい歌詞をつくることです。そのために「今の季節の気持ちよさを歌詞にしましょう」や「学校生活で楽しいことを歌にしましょう」などのテーマを設定することをおすすめします。旋律をつくる時間を十分取りたい場合は，歌詞をいくつか用意して，児童が選べるようにする方法もよいと思います。

②**ワークシート❷**では，グレーの音符で和音の構成音と終止音の候補を示してあります。2拍ずつリコーダーや鍵盤ハーモニカで吹いて和音進行を確かめるためにも使えます。自分の好きな音を和音から選んで演奏してもよいですし，1列目は一番下の音，2列目は下から2番目…のように分担してもよいでしょう。

③言葉の抑揚を捉えるには，口を閉じて「んんん」というと分かりやすいので試してみてください。例えば「どっちがバナナでしょうクイズ！」で2種類の「んんん」でバナナを当てるのは楽しみながら抑揚に気付くことができます（ばなな　りんご　がおすすめです）。

④**ワークシート❸**で清書した作品を大画面に映して，歌っても楽器で演奏してもよいことにして，教師が旋律と和音を弾きながらクラスみんなで歌い，演奏しましょう。　　　　（酒井 美恵子）

和音を生かして歌をつくりましょう

年　　組　名前

1　　７文字＋７文字で歌しをつくりましょう。

上のだんの例を歌しにして、歌をつくっても OK です。

歌し	あ	い	さ	つ	し	よ	う 休	え	が	お	で	し	よ	う 休
							休							休

2　　次のルールでせんりつをつくりましょう

①スタートは I の和音の音（ドミソのどれか）から始めて、ドで終わります。

②和音が変わるところは、その和音の中の音から始めます。

③言葉のよくようを意識して音を上下させます。

④ドからドまででつくってみましょう。

言葉のよくよう
は「んんんん
〜」というと分
かりやすいよ！

例：

構想用：

3　　清書して、歌ってみましょう。

歌をつくるときに工夫したこと

鍵盤楽器でブルー ノート スケールの即興をしましょう

🖥授業の特徴 ジャズやブルースで用いられる音階のブルー ノート スケールを用いて，短い旋律をつくって演奏します。

📄ワークシートで身に付く主な力
・ブルー ノート スケールを理解する力【知】
・即興的にリズムを変化させたり反復させたりしながらつくる力【技】

🎓学習指導要領 A表現 (3) 音楽づくり ア(ア)，イ(ア)，ウ(ア)，〔共通事項〕(1)ア

♣要素 旋律，リズム，拍，音階（ブルーノート），反復

1 学習の流れ

❶教師の範奏で，ブルー ノート スケールを聴き，ジャズで使われる音階であることを知ります。

▶ **❷**色々なリズムで音階を行ったり来たりしてスケールに慣れます。

▶ **❸**短い旋律を反復させることでまとまりのある旋律になることを理解します。

▶ **❹**色々なリズムで1人8拍担当してジャズ風即興をします。

2 準備

体験：鍵盤楽器の黒鍵を弾く体験をしておきます。2拍目と4拍目を強く感じるポピュラー音楽特有の拍の感じ方を体験しておきます。「1 （足） 2 （手） 3 （足） 4 （手）」などで，手拍子を強く打つと分かりやすいと思います。

教材：児童1人1台の鍵盤楽器を用意します。右の**ワークシート**を大画面に映してみんなで見ながら学習を進めます。児童に配布する際は，情報量が多いので，拡大しましょう。

3 学びやすい授業づくりのポイント

①**ワークシート❶，❷，❸**は教師が範奏するのが大切です。ブルー ノート スケールを様々なリズムで上行下行したり，2拍分をつくって繰り返したりのお手本を示しましょう。

②即興演奏に取り組みやすくなるよう，発表前の練習時間を設定しましょう。その際，机間指導により，個別に児童の即興表現を聴き取って助言したり，「カッコいい旋律だからみんなに聴かせて」と参考になりそうな表現を全体で共有できるようにしたりしましょう。

③即興演奏は，聴いている児童たちが「足－手－足－手」と偶数拍を強く感じる足拍子手拍子をする中で行います。手元の鍵盤ハーモニカなどで即興表現してもよいですし，ピアノに向かって並んで足拍子手拍子をし，順番に弾いていく方法も楽しく取り組めます。

4 タブレット型 PC の活用

全員分 iPad があれば，鍵盤画面の「scale」で「マイナー ブルース」を選ぶと，鍵盤がブルー ノート スケールとなりますので，活用できます。

（酒井 美恵子）

けんばん楽器でブルー ノート スケールのそっ興をしましょう

年　　組　名前

1　ブルー ノート スケールをひいてみましょう。

　ブルー ノート スケールは、ジャズやブルースで使われる音階です。ブルー ノート スケールを使うと、ジャズ風の音楽をつくることができます。

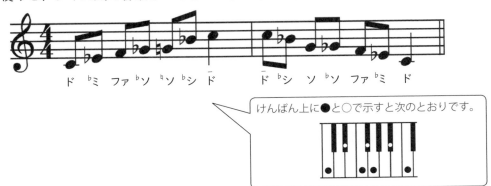

ドｂミ ファｂソ ｂソ シ ド　　ド ｂシ ソ ｂソ ファ ｂミ ド

けんばん上に●と○で示すと次のとおりです。

2　ブルー ノート スケールを、リズムを変えてひいてみましょう。

　①♫のところをスキップのリズム（♫）でひきましょう。
　②8分音符1音をスキップのリズムにして「ドッド ｂミッｂミ ファッファッ〜」のようにスケールをひきましょう。
　③8分音符1音を3連符のリズムにして「ドドド ｂミｂミｂミ ファファファ〜」のようにスケールをひきましょう。

3　2拍をつくってくり返してひいてみましょう。

　例えば次のように2拍をつくってくり返します。まとまりのあるフレーズになります。いろいろ試してみましょう。
　　例1：「ドｂミ ファｂソー」「ドｂミ ファｂソー」
　　例2：「ソッｂシ ドー」「ソッｂシ ドー」

4　ブルー ノート スケールでジャズ風そっ興をしてみましょう。

　ポイントは「ブルー ノート スケールの音を使う。となりに進むのがおすすめ」「1人8拍担当する」「好きなリズムでひく」「お休みもカッコいい」だけ！　楽しくひきましょう。

5　①工夫したところ②楽しかったことを書きましょう。

①　　　　　　　　　　　　　　　　　②

22 言葉のリズムで "料理" をつくりましょう！

授業の特徴 一人ひとりがつくったリズムを友達と重ねて音楽づくりをします。重ね方や強弱の工夫をして，楽器で表現してみましょう。

ワークシートで身に付く主な力
・リズムのつなげ方や重ね方の特徴を理解する力【知】
・音楽の仕組みを用いて音楽をつくる力【技】
・まとまりを意識した音楽を考える力【思判表】

学習指導要領 A表現 (3) 音楽づくり ア(イ)，イ(イ)，ウ(イ)，〔共通事項〕(1)ア

要素 リズム，強弱，反復，音楽の縦と横との関係

1 学習の流れ

❶ クラッピングミュージックとケチャを聴き，音楽の仕組みをつかみます。 ▶

❷ グループで料理（音楽づくり）をするための材料（リズム）を決めます。 ▶

❸ 8回の繰り返しの中でどのタイミングで材料を入れるかグループで考えます。 ▶

❹ つくった音楽にスパイス（❶での気付き）を取り入れ表現を工夫します。 ▶

❺ 料理ができ上がったら，声だけでなく楽器でも試してみましょう。

2 曲の解説

クラッピングミュージック…手拍子する2人のうち1人は同じパターンのリズムを繰り返し打ち，もう1人は同じパターンを8分音符1つずつずらし打つ（スティーヴ・ライヒ考案）。

ケチャ…インドネシアのバリ島に伝わる舞踊劇で，円形に座った男性たちが上半身を揺らしながら「チャッ，ケチャッ」などと合唱する。宗教的な踊りが元になっている。

3 準備

体験：活動をする上で，リズムのまねっこ遊びや，言葉のもつリズムに親しんでおきましょう。

4 学びやすい授業づくりのポイント

①クラッピングミュージックとケチャを聴き，それぞれの音楽の特徴（タイミングをずらす，音を重ねる，1人または複数などで歌う，強弱を付ける等）を知ります。

②料理という形で音楽づくりを行います。まずグループ（3，4人）で何をつくりたいか考え，それに必要な材料の名前をリズムづくりに生かします。

③リズムづくりは1人8拍とし，材料の名前を トマト・ ・トマト と反復や休みを入れて工夫します。グループ内で同じリズムにならないように確認し調整しましょう。

④次に料理と題して，②でつくった1回分の材料のリズムを8回分繰り返します。全員が毎回出番にするのではなく，リズムの面白い重ね方を考えましょう。

⑤始め方と終わり方や，①の特徴（音を重ねる，ずらす，強弱等）を入れ工夫します。

発展的な学習 「リズムアンサンブルに変身！」言葉のリズムを楽器に変えて表現してみます。異なる打楽器での演奏や，1つの木琴を打つ音を変えて全員で演奏しても面白いですよ。

（門脇 早聴子）

言葉のリズムで "料理" をつくりましょう！

<u>　　年　　　組　名前　　　　　　　　　　　　　　　</u>

1 クラッピングミュージックとケチャの演奏をきいて、音楽の特ちょうを知りましょう。

2 食材（１人８拍（ぱく）のリズム）を使って料理をつくりましょう。

①何の料理をつくりたいかグループ（３、４人）で決め、使う材料を１人１つ考えます。

（例：料理名→ミートスパゲティ　自分の担当材料→トマト）

料理名→	担当材料→

②材料の言葉を８個の箱（８拍分）に入れてリズムをつくります。ポイントは、くり返しやお休みの箱をつくることです。グループで同じリズムにならないよう話し合い、何度か合わせて試してみましょう。

例：

ト	マ	ト	・	・	ト	マ	ト

材料　　　　　　　　　　　　１回分の材料のリズム

(　　　　　　　　　　　)

(　　　　　　　　　　　)

(　　　　　　　　　　　)

(　　　　　　　　　　　)

③さあ！　料理をします。②でつくった１回分の材料を８回分くり返しますが、他の材料とのタイミングを話し合い、下の表に何回目で入れる（〇）入れない（×）を書きます。また始め方、終わり方や、**1**で分かった音楽の仕組みも音楽の工夫として考えてみましょう。

料理のレシピ

曲の進む順番 →

材料	1	2	3	4	5	6	7	8
音楽の工夫								

3 料理のレシピを実際に声に出して試しながら、味（音楽表現）をよくしていきましょう。

コンピュータで和音に合う旋律をつくりましょう

23

1　学習の流れ

❶ 教師が作成した Garage Band（以下 "GB"）のⅠ－Ⅳ－Ⅴ－Ⅰの和音進行に合わせて旋律を弾きます。　**❷** つくるための3つのルールを知り，旋律をつくります。　**❸** 先生のつくった伴奏と子供たちがつくった旋律を，重ねて再生します。

2　準備

体験：GarageBand を操作した経験があると円滑に進められます。ハ長調のⅠ，Ⅳ，Ⅴの構成音の知識を得ておきます。

教材：音楽制作アプリ "GB"（Apple 社製品対応）の入ったタブレットをグループに1つ。教師は伴奏を録音しておきます。おすすめはギターの「Smart Guitar」の「Autoplay」4番，テンポは♩＝70くらい，6小節に設定して，1，2，3小節がC（和音はⅠ），4小節F（和音はⅣ），5小節G（和音はⅤ），6小節C（和音はⅠ）にし，1小節と2小節を聴いて，3小節目から旋律を子供が弾けるようにするとよいと思います。録音の際，コードチェンジは，小節の1拍目ピッタリにタップすると1拍目でコードチェンジができないので，ほんの少し前のタイミングでタップしましょう。

3　学びやすい授業づくりのポイント

①**ワークシートの1**では，教師作成の6小節の伴奏の使い方に慣れるとともに，構成音に気付きながら鍵盤を弾けるようにするために，特徴の異なった4種類の旋律を弾きます。グループで交替しながら体験できるようにしましょう。

②グループで話し合い，旋律②から④の中で，気に入ったタイプを見付けます。②よりは，③の活発な感じ，④のなめらかな感じを選ぶグループが多いかもしれません。

③**ワークシート2**では，3つのルールだけ守って，色々旋律を試します。

④**ワークシート3**では，気に入った旋律ができたら，録音ボタンを押して先生の伴奏の録音と合わせます。失敗したら，戻る矢印で何度でもチャレンジできます。

⑤**ワークシート4**では，工夫をクラスのみんなに伝えてから発表です。　　　　　　　　（森 薫）

音楽づくり｜6年

コンピュータで和音に合うせん律をつくりましょう

<u>　　　年　　　組　名前　　　　　　　　　　　　</u>

１ 先生が録音したＩ－Ⅳ－Ⅴ－Ｉに合わせて次のせん律をガレージバンドの
けんばんでひいてみましょう。

| Ｉ（ドミソ） | Ⅳ（ファラド） | Ⅴ（ソシレ） | Ｉ（ドミソ） |

それぞれの特ちょう

① 和音の中の音で、全音符（ぷ）だけのせん律。

② ①と同じ音でリズムがちがう。

③ ②と同じリズムでせん律がちがう。和音の中の音だけでできている。

④ ②や③と同じリズムでせん律がちがう。和音の中の音で始めていて、和音の中ではない
音がある。

気に入ったタイプはどれ？ ② ③ ④	気に入った理由

２ 「リズムは②〜④と同じ」「小節はその和音の中の音で始める」「最後はド」
の３つのルールでせん律をつくりましょう。音符を書いても、カタカナで
ドレミを書いても、五線を使わなくても OK です。

３ すてきなせん律ができたら、先生の録音に合わせて録音しましょう。

４ 工夫したところを言ってから、発表しましょう。

<u>工夫　　　　　　　　　　　　　　　　　　　　　　　　　　　　　　　　　　</u>

24 動機をもとに音楽をつくりましょう

授業の特徴 動機をもとに，起承転結の形を使って旋律をつくります。動機を変化させて4小節の旋律をつくります。

ワークシートで身に付く主な力
・動機の変化の面白さを理解する力【知】
・起承転結の形を用いて旋律をつくる力【技】
・音楽のまとまりを考える力【思判表】

学習指導要領 A表現 (3) 音楽づくり ア(イ)，イ(イ)，ウ(イ)，〔共通事項〕(1)ア

要素 リズム，旋律，拍，変化

1 学習の流れ

❶ 鍵盤ハーモニカを使って，4拍の動機をつくります。 →
❷ 起承転結の形式で動機を展開させることを学びます。 →
❸ 自分でつくった動機を音程やリズムなどを変化させて展開し，4小節の旋律をつくります。 →
❹ グループやクラスで発表し，工夫したところや友達の作品のよかったところなどを考えます。

2 準備

体験：常時活動を通してハ長調のドレミや，色々なリズムパターンの読譜に慣れておくとよいでしょう。基本的な記譜も体験しておくとスムーズに進みやすいです。動機についても学習してあることが望ましいです。

教材：児童1人1台の鍵盤ハーモニカと，必要に応じて下書き用の五線紙を用意します。

3 学びやすい授業づくりのポイント

①今まで学んだリズムパターンを復習して，4拍のリズムのアイデアをいくつか出しておくと動機がつくりやすいでしょう。リズムが決まったら音を鍵盤ハーモニカで吹いてみて，**ワークシート❶**に記入していくとよいと思います。

②動機ができたら，その動機を変化させますが，4拍分を変化させた後に4つ組み合わせると，それぞれの小節のつなぎがうまくいかなかったり，旋律が不自然になってしまったりすることもあると思います。その場合は，違う形で変化させたり，小節の最後の音につながるように変えたり，試行錯誤しながら進めるとよいでしょう。最終的にできた旋律を**ワークシート❸**に書きます。個人で取り組んでもよいですし，グループでもよいでしょう。

③最後の音はドで終わるようにしてありますが，必要に応じて，最初の音も指定したり，選ばせたりしてもよいと思います。ドミソドのどこかから始めるとよいかもしれません。

④4小節の旋律ができたら，演奏できるように練習することも大切です。大画面に映してみんなで演奏します。友達のつくった旋律を聴いて，そのよさを見つけたり，自分がつくったときに工夫したりしたことを発表してもよいでしょう。

（森尻 有貴）

音楽づくり｜6年

動機をもとに音楽をつくりましょう

年　　組　名前

1 せん律のもととなる最も小さなまとまりを「動機」といいます。4拍の動機をつくりましょう。

2 「起承転結（きしょうてんけつ）」の形を使って、つくった動機を展開させ、4小節のせん律をつくります。

1小節目「起（き）」：動機をそのまま使います。

2小節目「承（しょう）」：1小節目と同じでもいいですし、少しだけ変えてもよいでしょう。

3小節目「転（てん）」：動機をもとに思い切った変化をさせます。

4小節目「結（けつ）」：音楽を終わりにします。最後の音は「ド」がよいでしょう。

変化の方法の例

動機

3拍目：リズムの変化

反転

下にずらす

2拍目：音の変化

終わる感じ

3 4小節の音楽をつくりましょう。

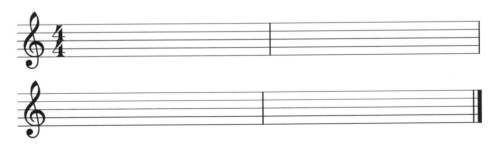

コラム
音楽科におけるプログラミング教育

① プログラミング的思考と音楽教育

　小学校のプログラミング教育の中核となるのは，プログラミング的思考です。自分が意図する一連の活動を実現するために必要な動きの組み合わせとその順番を考えたり，その組み合わせを改善したりすることで，意図した活動に近付けるという論理的な思考のことです。子供たちは，プログラミング教育を通して，情報技術を効果的に活用しながら，論理的，創造的に思考し，課題を発見，解決する力を身に付けます。このような力の育成は，音楽科においては，音を音楽へと構成していく音楽づくりの活動で特に重要となるでしょう。また鑑賞や他の表現活動でも，既存の曲を形づくっている要素の働きを考える上で役に立つ思考と言えます。

② 音楽学習を深めるプログラミング教育

　ただ音楽科の学習は，プログラミング的思考を育成するためにあるのではありません。プログラミング教育は，各教科等での学びをより確実なものとするためにも導入するとされています。つまり，プログラミング教育を取り入れることによって，音楽の学びがより深まることを目指さなければなりません。それでは，音楽学習のどのような場面でプログラミング教育を活用できるでしょうか。例えば，プログラムを使ってリズムのパターンを生かした音楽をつくる活動で，様々なリズムパターンの組み合わせや重ね方を試しながら，自分が意図する音楽をつくるといった実践が考えられます。なおプログラムで作成した音楽は，できれば実際の楽器等で演奏することを通して，より音楽的な演奏で伝えることが望ましいでしょう。

③ いろいろなプログラムで音楽の学びを深めよう

①スクラッチ（Scratch）：オンライン版，Windows 版，および macOS 版（無償）

　MIT メディアラボのプロジェクトが制作したプログラムです。音楽用には，音ブロックと楽器ブロックが用意されており，それらの組み合わせによって音楽作品をつくります。

②ガレージバンド（GarageBand）：MacOS 版および iOS 版（無償）

　Apple 社の iPad に標準インストールされているアプリです。例えば，あらかじめセットされたコード進行に合わせて，リズムやメロディを自分たちで試行錯誤して確認しながらつくったり，自分たちで録音した音を組み合わせて音楽をつくったりできます。

③ボーカロイド教育版：Windows 版のパソコン，およびタブレット（有償）

　YAMAHA が提供するソフトです。一番の特徴は，歌詞を歌わせることができるという点でしょう。その他，音高やリズムは画面上にブロックを配置するようになっており，音・音楽の動きや縦・横のつながりも視覚的に分かりやすく見て取ることができます。

参考文献
・文部科学省（2020）『小学校プログラミング教育の手引』第 3 版

（瀧川 淳）

鑑 賞

25 「春の海」の雰囲気や情景を味わって鑑賞しましょう

授業の特徴 尺八と箏（そうごと）の音色に親しみ，曲想及びその変化を感じ取りながら，曲のよさを味わって鑑賞します。

ワークシートで身に付く主な力
・「緩－急－緩」といった，曲想及びその変化と音楽の構造との関わりを理解する力【知】
・曲のよさを見いだし，曲全体を味わって聴く力【思判表】

学習指導要領 B鑑賞 (1) ⑦, ⑦,〔共通事項〕(1) ⑦

要素 音色，速度，音の重なり，変化

1 学習の流れ

❶ 作曲者が幼少のころ失明し，それ以後，盲目で演奏活動や作曲，箏の指導などを行ったことを学習します。

❷ 曲の冒頭から数分間，目を閉じて聴き，その後，**ワークシート❶**に感想を書き，発表します。

❸ Ａ－Ｂ－Ａ′の部分を映像で鑑賞し，演奏の様子などを**ワークシート❷**に書き，発表します。

❹ 前記❶～❸までの学習内容をもとにして，「春の海」の紹介文を**ワークシート❸**に書きます。

2 「春の海」について

　宮城道雄（1894－1956）の代表作として，国内外でよく知られた作品です。1929（昭和4）年に作曲されました。曲は，Ａ－Ｂ－Ａ′の三部構成です。作曲者自身「私が瀬戸内海を旅行した際に，瀬戸内海の島々の綺麗な感じ，それを描いたもので，ここが波の音，ここが鳥の声といってしまうと面白くないが，大体はのどかな波の音とか，舟の艪（ろ）を漕（こ）ぐ音とか，また，鳥の声というようなものをおり込んだ」と述べています。

3 準備

教材：鑑賞用音源（DVD等），**ワークシート❷**に対応した拡大表等。可能であれば音色や形状を確かめるため箏や尺八の実物。

4 学びやすい授業づくりのポイント

①目を閉じて聴いたときと，普段目を開けて聴くときとの違いや発見を自身でとらえさせることから学習をスタートしましょう。筆者が箏・三弦（さんげん）（三味線）を教習しているとき，師から「目を閉じて調弦してみてください」と指示されたことがありました。師は，聴くこと，弾くことが鋭敏になると共に，集中の度合いが違ってくることを自分で体験してつかみなさいということを伝えたかったのでしょう。児童は，目が見えなかった宮城道雄さんの世界を体験することで，音や音楽にいつも以上に集中することと思います。

②音源は尺八と箏の二重奏のものから数十人による合奏まで多岐に渡っていますが，目を閉じて聴くという学習からのスタートですから，箏，尺八，2人の演奏がよいでしょう。(宮本 憲二)

「春の海」のふんいきや情景を味わってかん賞しましょう

年　　組　名前

1　目を閉じてきいたあとで、感想をメモしてみましょう。

メモ

2　「春の海」をＡ、Ｂ、Ａ´の部分に分けてききます。ことと尺八がどのようにいきいきと「春の海」の様子を表現しているか、書いてみましょう。

	気付いたこと、感じ取ったこと
Ａ	尺八： こと：
Ｂ	尺八： こと：
Ａ´	尺八： こと：

3　他の人に「春の海」のよさを紹介する文を書いてみましょう。

26 イギリスの音楽会に行ったつもりで 「威風堂々」を聴きましょう

> **授業の特徴** 行進曲「威風堂々 第1番」がイギリスの人々に大切にされていることを知り，映像と一緒に動きながら，変化する曲想の特徴を味わって聴きます。

> **ワークシートで身に付く主な力**
> ・曲想及びその変化と音楽の構造との関わりを理解する力【知】
> ・曲や演奏のよさを見いだし全体を味わって聴く力【思判表】

> **学習指導要領** B鑑賞 (1) ⑦, ⑦, 〔共通事項〕(1) ⑦

> **要素** 旋律，強弱，反復，変化

1 学習の流れ

❶「威風堂々 第1番」の映像を見て，気付いたことと感じたことをメモします。

❷ 楽曲と作曲者について教師の解説により知ります。

❸「BBC プロムス」の最終日に参加したつもりで，体を動かしながら聴きます。その際，グループで，音楽の特徴を話し合いながら，動きを考えます。

❹ 動きながら視聴して，「威風堂々 第1番」のよさを紹介する文を書きます。

2 楽曲解説

　エドワード・エルガー（イギリス 1857-1934）が作曲した行進曲「威風堂々」は6曲から成り（第6曲は未完の作品を別の作曲家が完成させた），特に有名な「第1番」を教材とします。ゆったりとした中間部分が特に有名で，日本では平原綾香さんが歌詞を付けて歌ったことをご記憶の方も多いと思います。

　イギリスのロンドンでは，「BBC プロムス」という音楽祭が7月から9月にかけての8週間開催されます。その最終日に「威風堂々 第1番」が演奏され，中間部では会場の人々が一緒に「希望と栄光の国」を歌います。このようにイギリスの人々にとても愛されている音楽です。2019年には日本に初めて「BBC プロムス」がやって来ました。最終日のチケットはすぐに完売するなど，大人気でした。

3 準備

体験：音楽を聴いて歩いたり，特徴を生かして動いたりする体験をしておきます。

教材：「BBC プロムス」最終日の「威風堂々 第1番」の映像：YouTube の BBC チャンネルでは2014年の映像を公開しています（https://www.youtube.com/watch?v=R2-43p3GVTQ）。

4 学びやすい授業づくりのポイント

　教師も一緒に動きながら，楽しく視聴しましょう。

（酒井 美恵子）

イギリスの音楽会に行ったつもりで「威風堂々」 をききましょう

年　　組　名前

1 行進曲「威風堂々 第１番」を見て気付いたことと感じたことをメモしましょう。

気付いたこと
感じたこと

2 「BBC プロムス」の最終日に参加したつもりで、体を動かしながらききましょう。グループでどのように動くか考えてみましょう。

ア ：情熱的な部分　　イ ：ゆったりした中間部

曲のつくり	考えた動き
始まり	
ア ×２回	
イ ×２回　（小さい音→大きい音）	
ア	
イ （大きくて高い音）	
しめくくり	

3 「威風堂々 第１番」のよさを他の人に伝える紹介文を書きましょう。

27 曲の特徴を感じ取って聴きましょう ——日本人の作曲家の作品

授業の特徴 滝廉太郎の作品から，女声合唱，男声合唱を味わって聴き，曲や演奏のよさをCD屋さんになったつもりで紹介します。

ワークシートで身に付く主な力
・曲想と音楽的な特徴（声の重なりや響きなど），曲想と歌詞との関わりを理解する力【知】
・曲や演奏（女声合唱，男声合唱）のよさを見いだして聴く力【思判表】

学習指導要領 B鑑賞 (1) ㋐，㋑，〔共通事項〕(1) ㋐

要素 音色，リズム，旋律，速度，フレーズ

1 学習の流れ

❶「花」，「箱根八里」を聴き，**ワークシート❶**に，思い浮かぶ場面，景色と声の重なりや響きについて書きます。

❷歌詞の意味や合唱の形態，滝廉太郎について等を理解し，それぞれの曲を再び聴きます。

❸どちらか一方の曲を選択し，その曲のよさを紹介するポップを**ワークシート❷**に書きます。

❹それぞれのポップを見て，もう一度2曲を聴いて味わいます。

2 「花」，「箱根八里」について

　日本の西洋音楽黎明期に，滝廉太郎によって作曲された名曲。「花」には，春の隅田川の情景が優美にえがかれ，「箱根八里」には，箱根の山道の険しさが様々な例えを交えてえがかれます。

3 準備

教材：「花」は女声合唱，「箱根八里」は男声合唱の音源。書画カメラと大画面。色鉛筆やフェルトペンなど各自持参。

4 学びやすい授業づくりのポイント

①**ワークシート❶**で女声合唱「花」，男声合唱「箱根八里」のそれぞれ1番を聴き，曲想と歌詞との関わり，曲想と演奏形態等の音楽的な特徴との関わりを理解するようにします。

　「花」の記入例：ボートを勢いよくこいでいて，きっと水がはねてキラキラしている。女声の声が重なり合って，とてもきれいだ。

　「箱根八里」の記入例：難しい歌詞だけれど，険しい山だという感じがする。男声の声とタッカタッカのリズムで力強い感じがする。

②歌詞を朗読して情景を味わうこともおすすめです。

③**ワークシート❷**では，「花」と「箱根八里」のどちらかを選んでCD屋さんになったつもりでポップを作成します。曲名を目立たせるように助言しましょう。

④大画面にポップを映し，それぞれの作品のよさを共有してから，再度，味わって聴きます。

参考文献
・阪井恵・酒井美恵子（2017）『音楽授業でアクティブ・ラーニング！子ども熱中の鑑賞タイム』明治図書

（宮本 憲二）

曲の特ちょうを感じ取ってききましょう
── 日本人の作曲家の作品

年　　組　名前

１　２曲をきき、思いうかぶ場面や景色、声の重なりやひびきのなど音楽の特ちょうを書きましょう。

	思いうかぶ場面や景色	声の重なりやひびきなどの特ちょう
花		
箱根八里		

２　CD屋さんになったつもりで、よさをポップにしましょう。

　「花」も「箱根八里」も日本のすばらしい風景を感じることができる名曲です。CD屋さんになったつもりで、ポップをつくりましょう。

〈進め方〉①「花」と「箱根八里」のどちらを紹介するか決めます。②曲名を「」の中に書き入れます。③塗り絵をします。④思わず買いたくなるような紹介文を書き入れます。

３　みんなのポップを見てから２曲をきいて、気付いたことや感じたことを書きましょう。

28 「祝典序曲」のよさを紹介しましょう

🖥 授業の特徴 「祝典序曲」を聴いたり映像を見たりして，オーケストラの楽器の特徴など
を学習し，それを生かして曲の紹介文を書きます。

**📄 ワークシートで
身に付く主な力**
・曲想及びその変化と，楽器の音色や奏法との関わりなどについて理解する
　力【知】
・曲のよさを見いだし味わって聴く力【思判表】

📖 学習指導要領 B鑑賞 (1) ㋐，㋑，〔共通事項〕(1)㋐

✿ 要素 音色，リズム，旋律

1　学習の流れ

❶ 曲名を言わずに「祝典序曲」の音源を聴いて，どのような場面で演奏されるのがふさわしいかを考えます。

❷ 曲と作曲者について，教師の解説から学びます。

❸ 「祝典序曲」の映像を見ながら聴き，選んだ楽器群の魅力に着目して聴きます。

❹ それぞれの楽器群の魅力をクラスで共有し，曲の紹介文を書きます。

2　楽曲について

　ディミトリー・ショスタコーヴィチ（ロシア 1906－1975）が作曲したオーケストラ作品で，吹奏楽にも編曲されています。1947年に作曲されましたが，演奏はされず，1954年にロシア革命記念演奏会のときに改作されて演奏されました。1980年のモスクワでの夏のオリンピック，2009年のノーベル賞授与のコンサートなどでも演奏されています。

　この曲はトランペットによるファンファーレで始まり，その後はクラリネットによる軽快な第一主題が現れます。弦楽器などが加わり華やかになっていき，その後，第二主題はホルンとチェロによって叙情的な旋律が演奏されます。

3　準備

体験：オースケトラの楽器の種類（弦，管，打楽器）や演奏形態について触れておきます。

教材：「祝典序曲」の演奏の DVD または映像を準備します。2009年のノーベル賞授与のコンサートの様子が Euro Arts Channel で公開されています（https://www.youtube.com/watch?v=Z4GE2SiFaSM）。

4　学びやすい授業づくりのポイント

①最初に映像を見ずに聴くときに，どんな楽器が聴こえるかについて意識をもたせると，楽器の音色に着目したり，祝典から発想する華やかな感じを考える学習につながったりすると思います。

②特徴的な旋律やリズムを演奏している楽器に着目すると，全体の演奏の中でも聴きやすいです。旋律やリズムの一部を歌ってみるのも効果的です。

（森尻 有貴）

曲のよさを紹介しましょう

年　　組　名前

1 かん賞した曲は、どんな場面で演そうする曲だと感じましたか？　またそれはなぜですか？

どんな場面で演奏（えんそう）されるか：
理由：

2 好きな楽器ぐんを選んで○をつけ、この曲の中でどのような部分を演そうしているのか、またその演そうのよいところを書きましょう。

楽器ぐん（○をつけましょう）	演奏している様子・よいところ
例）金管楽器	最初のファンファーレをトランペットが吹いていてかっこいい。後半では金管楽器がせんりつを演奏していて迫力がある。
弦楽器（げん）　　金管楽器 木管楽器　　打楽器	

3 あなたは、この曲の紹介（しょうかい）を音楽雑しに書くことになりました。この曲の「み力」が読む人に伝わるように書いてみましょう。　♪

この曲名は（　　　　　　　　　）で、（　　　　　　　　　）が作曲しました。

29 世界の声の音楽クイズを作って遊びましょう！
——ヨーデル，ホーミー，ケチャ，ゴスペルを使って

授業の特徴 声による世界の音楽の歌声の特徴や背景に関するクイズ作りを通して，その音楽のエキスパートになります。

ワークシートで身に付く主な力 ・音楽の特徴と音楽の背景との関わりを理解する力【知】

学習指導要領 B鑑賞 (1) ア，イ，〔共通事項〕(1)ア

要素 音色，旋律，反復，変化，呼びかけとこたえ，音楽の縦と横との関係

1 学習の流れ

❶ それぞれの曲を聴き，グループで音楽を選びます。

❷ タブレットの音源や映像，楽譜を参考に，音楽的な特徴を探しましょう。

❸ 音楽的な特徴以外に音楽の背景や文化にも注目し，より内容を深めます。

❹ 集めたネタから内容や難易度が偏らないように，クイズを5問考えます。

❺ グループ内で，内容の確認をして，実際にクイズを出してみましょう。

2 準備

教材：グループで使うタブレットに1台につき1ジャンルの音源や音楽映像を入れます。簡単な楽譜も用意し，各国の文化や歴史も調べられるようにしましょう。

3 学びやすい授業づくりのポイント

①児童にとって世界の音楽はあまり耳なじみのない音楽でしょう。全員でそれぞれの音楽を聴いた上で，グループごとにジャンルが重ならないよう音楽を選びます。クイズを作るためのネタ探しをする活動により，そのジャンルのエキスパートになれます。

②グループごとにタブレットにある担当ジャンルの音楽や映像，楽譜をよく見て，(1)演奏人数や声の出し方，どんな様子で歌っているかなど，(2)音楽の特徴や決まり（音の重なり方，反復，変化）に注目します。はじめから映像付きのものを扱うのではなく，音楽を聴くことで，音そのものへの興味が薄くならないよう工夫しましょう。

③音楽以外の，(3)どのようなときに歌うのか，(4)歌われている国の文化や習慣，(5)歌われるようになった理由（歴史的背景）について調べる場合，他教科と連携を取るのもよいでしょう。

④クイズは各グループ5問考えます。クイズ作りのポイントは，写真や音楽，映像を使い，クイズを出された人が考えやすいようにすることです。また，内容や難易度が偏らないように工夫しましょう。(クイズ例：Q.ヨーデルはどこの国で歌われている民謡でしょうか？次の3つの中から1つ選びましょう。1.南アフリカ　2.スイス　3.アメリカ　答 2.スイス)

⑤クイズが妥当かグループ内で互いに出し合って確認してから本番です！

(門脇 早聴子)

世界の声の音楽クイズを作って遊びましょう！
── ヨーデル、ホーミー、ケチャ、ゴスペルを使って

年　　組　名前

１ ヨーデル、ホーミー、ケチャ、ゴスペルの音楽をきいてみて、グループごとに興味のあるものを選びましょう。

選んだ音楽：

２ クイズを作るためのネタを探しましょう。

①演奏人数や声の出し方、どんな様子で歌っているか、など

②音楽の特ちょう（反復、変化、よびかけとこたえ、音の重なり方など）

③どのようなときに歌うのか

④歌われている国の文化や習慣

⑤歌われるようになった理由

３ ネタからクイズを５つ作ってグループ内でクイズを出し、内容を確認しましょう。

	クイズ内容	答え
①		
②		
③		
④		
⑤		

完成したら「さぁ本番だ！」

30 世界の楽器どーれだ？
——ガムラン，バグパイプ，コラ，フォルクローレ

授業の特徴 世界の様々な楽器を比較聴取することで音楽の多様性に気付き，異文化を理解し尊重する心を育てます。

ワークシートで身に付く主な力
・世界の楽器が奏でる音楽の特徴を理解する力【知】
・楽器や音楽のよさなどを見いだし，味わって聴く力【思判表】

学習指導要領 B鑑賞 (1) ⑦, ⑦, 〔共通事項〕(1) ⑦

要素 音色，リズム，音の重なり，音楽の縦と横との関係

鑑賞
6年

1 学習の流れ

❶ 世界の楽器（4種類）が奏でる音楽を順に聴き比べます。

❷ まず自分1人で聴き，音楽に合う楽器の種類や特徴を線で結びます。

❸ グループやクラスで，音楽を聴き比べ，答えを導き出しましょう。

❹ 4種類の楽器の中から1つ選び，楽器や音楽の特徴を自分なりの紹介文として書きます。

2 楽器解説

ガムラン…インドネシアのバリ島とジャワ島で行われる合奏。様々な種類の青銅の打楽器が旋律を演奏し，他の楽器とリズムパターンをずらして演奏するコテカンという奏法を使います。

バグパイプ…ケルト民族（スコットランドなど）が演奏していた民族楽器です。袋状のバッグ（羊皮または布）につながった管に息を入れると，4本のパイプのうち1本は旋律，3本はドローンと呼ばれる単音を鳴らします。音量がとても大きいのが特徴です。

コラ…西アフリカ（セネガル等）のリュート型弦楽器を演奏するのは，グリオと呼ばれる世襲制の音楽家です。音楽を演奏するだけでなく，歴史や文化を音楽で伝承してきました。

フォルクローレ…原住民のインディオの音楽に加え，スペインやアフリカの影響を受けできた音楽。中でもサンポーニャは，異なる長さの細い竹（または葦）が連なる構造で，1音ずつハーモニカのように音を出します。チャランゴの胴はアルマジロの甲羅製もあります。

3 準備

教材：最初は耳で聴いて判断し，活動の最後は映像で見て楽器の演奏法を確認してみましょう。
（例：楽器「コラ」の映像 YouTube の SOAS University of London のチャンネル（2015年）https://www.youtube.com/watch?v=dKVin 1 doEEE）

4 学びやすい授業づくりのポイント

①まず1人で楽器の音色を聴き，ヒントをもとに楽器の種類を考えます。その後，グループやクラス全体で音楽を比較しながら，意見を交換します。

②1つ楽器を選び，楽器や音楽について，自分なりの紹介文を書いてみましょう。今まで自分が見たり，使ったりしたことのある楽器と比較してみても面白いでしょう。　　　　（門脇 早聴子）

世界の楽器どーれだ？
——ガムラン、バグパイプ、コラ、フォルクローレ

年　　組　名前

1 これから①で示された楽器の演奏をききます。そこから、②どの楽器で演奏されているか、③その楽器のヒント、を線で結びましょう。

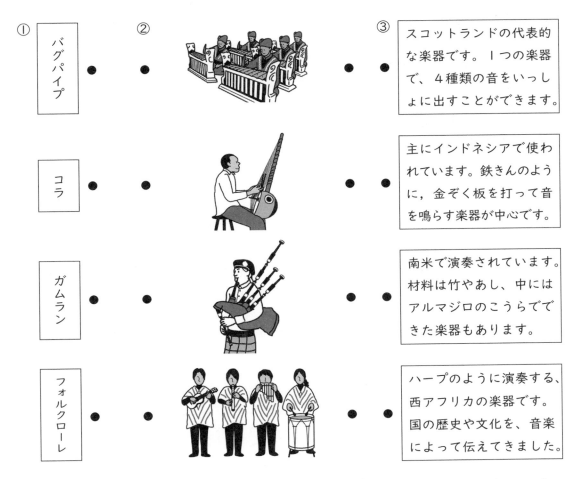

① バグパイプ ●　　　● ②

③ スコットランドの代表的な楽器です。１つの楽器で、４種類の音をいっしょに出すことができます。

① コラ ●　　　● ②

③ 主にインドネシアで使われています。鉄きんのように，金ぞく板を打って音を鳴らす楽器が中心です。

① ガムラン ●　　　● ②

③ 南米で演奏されています。材料は竹やあし、中にはアルマジロのこうらでできた楽器もあります。

① フォルクローレ ●　　　● ②

③ ハープのように演奏する、西アフリカの楽器です。国の歴史や文化を、音楽によって伝えてきました。

2 上の４つの楽器から１つ選んで、その楽器や音楽のよさを伝えましょう。

31 曲想の変化を味わいましょう
——交響曲第5番「運命」第1楽章

🖥 授業の特徴 交響曲第5番「運命」第1楽章の第一主題と第二主題の違いを，指揮者になったつもりで表現して感じ取ります。動機について学びます。

📄 ワークシートで身に付く主な力
・曲想及びその変化と音楽的な特徴との関わりについて理解する力【知】
・交響曲のよさを見いだし味わって聴く力【思判表】

🎓 学習指導要領 B鑑賞 (1) ㋐, ㋑, 〔共通事項〕(1) ㋐

🔧 要素 音色，リズム，速度，旋律，強弱，反復，変化

1 学習の流れ

❶ 「運命」の演奏を聴いて，何度もでてくる動機について理解します。

❷ 第一主題と第二主題を理解し，曲の中でどのように出てくるかを聴きます。

❸ 第一主題と第二主題の特徴を理解し，指揮者になったつもりでどのように振るか，音楽に合わせてやってみます。

❹ 「運命」が演奏されている映像を見て，実際の演奏場面や指揮について理解します。

2 曲について

　交響曲第5番ハ短調は，L.v. ベートーベン（ドイツ 1770–1827）によって作曲された「運命」と呼ばれる交響曲です。交響曲とはオーケストラ（管弦楽）のための楽曲で，4つの楽章からなるものが多く，最初と最後の楽章はソナタ形式がよく用いられます。この第1楽章もソナタ形式で書かれていて，提示部，展開部，再現部，コーダが現れます。

3 準備

体験：指揮者の役割について理解しておきます。速度だけでなく，演奏表現の指示も出していることを学習しておきます。

教材：交響曲第5番「運命」第1楽章の映像を用意します。

4 学びやすい授業づくりのポイント

①最初は演奏の音だけを聴くことで，動機やそれぞれの主題を聴き取ることに集中できると思います。映像は，演奏者がどのように演奏しているか，どの部分でどんな楽器が演奏しているかを理解する助けになるでしょう。指揮者の動きも確認できます。

②動機は第一主題だけでなく，第二主題のバックでも奏でられていますし，それ以降の部分でも，多く出てきます。そのまま出てくることもありますが，音の高さなどが変わって何度も出てくることで，この曲全体の重要な要素となっています。

③**ワークシート■**の主題の聴き比べは，提示部のみを聴き，その違いに着目します。

（森尻 有貴）

曲想の変化を味わいましょう
——交響曲第5番「運命」第1楽章

年	組	名前

この曲の動機

せん律のもととなる最も小さなまとまりを「動機」と言います。曲のさまざまなところに用いられています。

1 この曲では、第一主題と第二主題が最初の部分（提示部）に出てきます。それぞれ、どんな感じがしますか？

第一主題

第一主題が演奏される部分はどんな感じがしますか？

第二主題

第二主題が演奏される部分はどんな感じがしますか？

2 第一主題と第二主題を指揮するとしたら、どんな風に指揮をしたら、それぞれの主題のふんいきが出ると思いますか？　指揮をするときに気を付けたいことを書きましょう。

第一主題では、

第二主題では、

32 曲想の変化を味わいましょう
──「ハンガリー舞曲第5番」

🖥 授業の特徴 「ハンガリー舞曲第5番」の速度の変化に合わせて手を打ちます。音楽の要素の変化が生み出す面白さを考えます。

📄 ワークシートで身に付く主な力
・曲想及びその変化と，音楽的な特徴（速度や調の変化など）との関わりを理解する力【知】
・曲のよさなどを見いだし，曲全体を味わって聴く力【思判表】

🎓 学習指導要領 B鑑賞 (1)㋐，㋑，〔共通事項〕(1)㋐

🧩 要素 速度，調，変化

1 学習の流れ

❶ ハンガリー舞曲第5番を聴いて基本的な演奏形態や楽曲の雰囲気について理解します。

❷ 2人組になり，曲の速度に合わせて，お互いの手を打ちます（グループでも可）。

❸ 調が変化するところ（明るくなるところ）で手を上げて，曲調の変化を感じ取ります。

❹ 調や速度が変化した部分を選び，その変化について考え，音楽を鑑賞する上でどんな効果や面白さがあるのかを考えます。

2 曲について

　ヨハネス・ブラームス（ドイツ 1833-1897）による『ハンガリー舞曲集』（全21曲）の中でも有名な第5番です。もともとはピアノ連弾曲ですが，今回の鑑賞で扱うのはオーケストラ編曲のものです。曲の構成はA-B-C-D-A-Bの形式で，主にA-Bは短調，C-Dは長調です。最初のAの部分でだんだん速くなったり，Bの部分では遅くなったりする速度の変化があります。長調のCの部分は速く，Dに入ると遅くなる部分が出てきます。

3 準備

体験：曲の拍に合わせて手拍子をしたり，体を動かしたりする活動に慣れておきます。

教材：ハンガリー舞曲第5番のCDを用意します。必要に応じて映像資料でもよいです。

4 学びやすい授業づくりのポイント

①曲の速度を聴いて捉えながら，2人組になって手を打ちます（おちゃらかほい，のような打ち方）。2拍子で指揮をしてみるのもよいでしょう。

②変化している部分について考える**ワークシート❷**では，個人で取り組んだ後に，グループで意見を交換してみるとよいでしょう。速度と調の変化がかけあわさったり，どちらか片方だけが変化をしていたり，音楽の要素の変化には色々な様相があります。

②参考で原曲のピアノ連弾のCDを聴かせてもよいでしょう。オーケストラとの違いを感じ取れると思います。また指揮者がよく映っている映像を見せ，速度の変化を確かめるのも効果的でしょう。

（森尻 有貴）

曲想の変化を味わいましょう——「ハンガリー舞曲第5番」

<u>　　年　　組　名前　　　　　　　　　　　　　</u>

1 曲の変化を感じ取りましょう。それぞれの部分でイメージする色や形を書きましょう。また各部分の速度（さらに速い、遅い、など）についても書きましょう。

部分	イメージ、色、形／どんな感じがするか	速度
A		速い
B		
C		
D		
A		
B		

2 曲の速度や調が変わることは、どんなよさや面白さがありますか。

高学年の聴く力の育成

① 「聴く力」のモデルは教師

　高学年になると，自分で感じたことや考えたことを伝え合ったり，友達の表現のよさを認め合ったりできるようになってきます。このような場を意味あるものにするには，「聴く力」が大切なのは言うまでもありません。ここで言う「聴く」対象は，教師や友達の話も含まれます。「聴く力」は「伝える力」「対話する力」と同居しています。そのモデルは教師です。児童の表現や発言をよく聴き，価値付けている行為がモデルとなります。「私は音楽的な力がないから」とおっしゃる教師もいますが，教師に求められるのは，専門的な音楽の力量よりも，児童の表現や発言をよく聴いて価値付けようとする姿勢そのものです。

② 「聴き取ったことと」と「感じ取ったこと」との関わりについて考える

　もちろん音楽を「聴く力」を高めていくことも重要です。国立教育政策研究所の６年生の児童を対象とした調査では，楽曲の特徴を言葉で適切に表すことに一部課題があることが指摘されています。言葉で表すことについては，研修会でも話題になります。ここでは「剣の舞」の鑑賞の授業シーンを例に，言葉で表すことの課題と指導の改善について考えてみましょう。

　この曲は，大きくＡ－Ｂ－Ａ－結尾で構成されています。Ａの部分の特徴を共有した後，教師はＡ－Ｂを続けて聴かせ，「ＡとＢでは何が変わったかな」と問いかけました。すると，児童からは「速さ，ゆっくりになったよ」という答えが返ってきました。実は，速度自体はほとんど変わりません。「違うよ。速度は変わってない。もっとちゃんと聴かないとダメ」と言ってしまいそうですが，指導された教師は「そうだね。じゃあ，どれくらいゆっくりになったか，確かめてみよう」と問いかけ，指で拍を取りながらＡ－Ｂを続けて聴かせました。子供たちは「？？」という表情。再度聴かせると「遅くなっていないよ」との声が上がりました。遅くなっていないことを全員確かめた上で，教師は「遅くなっていないのに，遅く感じたのはどうしてだろう？」と問いかけ，隣の子供と話し合わせました。

　児童は，遅く感じた要因が，Ｂの部分では細かいリズムでなくなったことや，主な旋律を演奏する楽器が変化したことに自ら気付きました。「速さが変わった」というのは，聴き取りとしては誤りですが，「ゆっくり」というのは感じ取りとしては誤りではありません。大切なのは，児童が自ら，聴き取ったことと感じ取ったこととの関わりについて考え，聴き方を調整できるように，教師が促したことです。これは〔共通事項〕アの学習と関わる学びです。

　音楽の特徴を他者と伝え合う学習を充実するためには，感じ取ったことと関わらせながら，「聴く力」を高めていくことが大切です。

参考文献
・国立教育政策研究所「平成24年度学習指導要領実施状況調査教科等別分析と改善点」（小学校音楽）
　https://www.nier.go.jp/kaihatsu/shido_h24/01h24_25/05h24bunseki_ongaku.pdf

（津田　正之）

英語の歌 / 愛唱歌

33 「Michael, row the boat ashore」スピリチュアル（黒人霊歌）

授業の特徴 「Michael, row the boat ashore」の背景を知り，曲に込められた思いにふさわしい表現を考え，英語で歌います。

ワークシートで身に付く主な力
・歌と楽器を合わせて演奏し，副次的旋律と二部で歌う力【技】
・曲にふさわしい表現を考える力【思判表】

学習指導要領 A表現 (1) 歌唱 ア，イ，ウ(イ) ウ，〔共通事項〕(1) ア

要素 音色，リズム，旋律，拍，呼びかけと答え

英語の歌
愛唱歌
5年

1 学習の流れ

❶ 「Michael, row the boat ashore」を英語で歌います。

❷ 歌詞の意味とスピリチュアルの背景について知ります。

❸ ハレルヤとそれ以外の部分でグループを分けて，歌い分けをしたり，手拍子や打楽器を入れてスイングさせて歌ったり，ア・カペラで歌ったりします。

❹ 発展課題として，ハレルヤの部分の音を重ねて歌います。和音の重なりを感じて歌います。

2 曲について

　「Michael, row the boat ashore」は日本語では「こげよマイケル」の曲名で知られています。この曲は黒人霊歌（スピリチュアル）であり，南北戦争中にサウスカロライナ州のセントヘレナ島で記されたとされています。多くのアレンジや録音が残されていますが，軽快で楽しい雰囲気のものも多く，リズムがスイングしていたり，手拍子や打楽器が入っていたりするものも多くあります。黒人霊歌には，奴隷制度時代の絶望的で残酷な現実を表現するだけでなく，それらの苦悩から自分たちを切り離そうと，ユーモア溢れる歌詞や楽しい曲調でつくられた曲が多くあります。この曲も，「川を渡る」ということが自由への象徴のようにえがかれ，黒人たちの思いを綴っています。「聖者の行進」や「アメイジング・グレイス」も黒人霊歌とされています。

3 準備

教材：必要に応じて異なるアーティストによる演奏の映像とタンバリン，カスタネット等を用意します。

4 学びやすい授業づくりのポイント

①タンバリンやカスタネットを使い，裏打ちでリズムを打つと，軽快な感じがします。リズムをアレンジしてスイング（♫♫をタタタタではなく，タータタータと揺れるように感じるリズム）で歌ってもよいでしょう。

②ハレルヤの部分を歌うグループとそれ以外を歌うグループを分け，かけあいで歌うことで音楽の仕組みにも気付くことができます。

（森尻 有貴）

「Michael, row the boat ashore」 スピリチュアル

年　　組　名前

1 スピリチュアル（黒人霊歌）には、どのような思いがこめられていますか？
スピリチュアルについて分かったことをメモしましょう。

2 この曲にこめられた思いは、曲のどのようなところに表れていますか？
どのように歌いたいですか？

どのような思い：

どこに表れているか：

どのように歌いたいか：

3 演そうで使った楽器と、その音楽的なよさや効果について書きましょう。

使った楽器	演そうがどのようによくなったか

4 Hallelujah のところだけ、音を重ねて歌ってみましょう。

Hal-le- lu - jah　　　Hal-le- lu - jah

「Auld Lang Syne」
スコットランド民謡

授業の特徴 「蛍の光」と「Auld Lang Syne」を比べて，どんな場面で歌われているかの違いを考えます。「Auld Lang Syne」を英語で歌います。

ワークシートで身に付く主な力
・「蛍の光」「Auld Lang Syne」それぞれの雰囲気と，歌詞の内容（背景を含む）などとの関わりについて理解する力【知】
・「蛍の光」の歌詞に合った表現を考える力【思判表】

学習指導要領 A表現 (1) 歌唱⑦，⑦，ウ(イ)，〔共通事項〕(1)⑦

要素 旋律，フレーズ（4拍目からはじまる）

1 学習の流れ

❶ 「蛍の光」が使われる場面を考えます。歌って，歌詞の意味から内容を捉えます。

❷ 原曲の「Auld Lang Syne」を聴き，スコットランドではどのようなときに歌うか知ります。英語で歌ってみます。

❸ 2つの曲の歌われる場面の違いから，それぞれどのように歌ったら（表現したら）ふさわしいか考えます。

❹ 私たちが日本で「蛍の光」をどのように歌ったらよいか考えて歌唱で表現します。

英語の歌 愛唱歌 5年

2 曲について

　「蛍の光」の原曲である「Auld Lang Syne」はスコットランド語で，英語に訳すと「Old Long Since」となります。旧友と再会して語り合い，懐かしい故郷の日々に思いを馳せ，祝杯を交わす場面を歌った内容で，新たな出発や再会などを祝う場面で歌われることが多いです。懐かしきよき日々を歌った歌ですが，日本では「終わり」や「別れ」を連想する場面で用いられることが多いでしょう。世界中では色々な場面で歌われ，それは国や文化によって様々ですが，「始まりと終わり」を連想する場面で歌われることが多いです。NHK連続テレビ小説『マッサン』（2014年9月－2015年3月）でも，この曲が歌われる場面が出てきます。この曲はヨナ抜き音階が用いられていることが特徴でもあり，親しみやすい旋律になっています。

3 準備

教材：「蛍の光」のCD，「Auld Lang Syne」の訳詞とCDや映像を用意します。必要に応じて大画面を用意し，歌詞や楽譜を映します。

4 学びやすい授業づくりのポイント

①同じ曲でも，その曲に対する認識や馳せる思いが異なることを知り，歌う場面や用いられる状況によって，音楽の意味付けが変わることに気付かせるようにしましょう。

②英語の歌詞が難しい場合は，何度も読んでみたり，リズム唱をしたりしてみるとよいと思います。

（森尻 有貴）

「Auld Lang Syne」スコットランド民よう

年　　組　名前

_____

1 「蛍の光」をきいて、日本でこの曲が使われたり歌われたりする場面をあげましょう。

_____

2 「蛍の光」の原曲はスコットランド民ようの「Auld Lang Syne」です。この曲の歌しの意味と歌われる場面について書いてみましょう。また、スコットランドの人々はどんな気持ちで歌うと思うか書きましょう。

> 歌詞の意味：
>
> --
>
> 歌う場面：
>
> --
>
> どんな気持ち？：

3 スコットランドの人から次のような手紙が来たら、あなたは何と返事を出しますか？書いてみましょう。

> 私たちの国では、「Auld Lang Syne」は結こん式やたん生日、大みそかから新年の幕あけ、などのときにみんなでかたをよせ合って歌います。でも、世界にはそういう場面でないときに歌う国があると聞きました。あなたの国では「Auld Lang Syne」をどんなときに歌うのですか？この曲にどんな気持ちをこめるのですか？

35 「Edelweiss」オスカー・ハマースタイン2世作詞　リチャード・ロジャーズ作曲

授業の特徴　「Edelweiss」（エーデルワイス）を英語の特徴をふまえて歌ってみます。ミュージカルを見て2つの異なる場面での心情を考えます。

ワークシートで身に付く主な力
・曲想と歌詞の表す情景との関わりを理解する力【知】
・場面に合った歌い方を考える力【思判表】

学習指導要領　A表現 (1) 歌唱⑦, ⑦, ウ(イ),〔共通事項〕(1)⑦

要素　音色, リズム, 拍

1　学習の流れ

❶ 日本語のエーデルワイスの演奏と英語の Edelweiss の演奏を聴きます。

❷ 英語の歌詞の内容を理解します。発音に気を付けながら歌います。

❸ 『サウンド オブ ミュージック』の中で2回歌われている「Edelweiss」を聴きます。それぞれ, どんな気持ちで歌っているのか考えます。

❹ 「Edelweiss」を歌う設定を, 場面①か場面②から選び, どのように歌ったらよいか考えて歌います。

2　曲について

　「Edelweiss」はミュージカル『サウンド オブ ミュージック』の中で歌われる曲で, この物語は, オーストリアのザルツブルグの第二次大戦中を舞台にえがかれています。最初に「Edelweiss」が歌われる場面はトラップ大佐が久しぶりにギターを手にして音楽に触れ, 昔を懐かしむように, 子供たちに囲まれながら語るように歌う場面です（**ワークシート2**の場面①）。2回目に歌うシーンは, 愛する祖国から亡命することを決めている中, コンクールに出場して歌う場面です（**ワークシート2**の場面②）。エーデルワイスの花は, このミュージカルの舞台となっているオーストリアを象徴する花として扱われ, 「Edelweiss」の歌詞の最後には「永遠に我が祖国を祝福してください」との意味が歌われています。

3　準備

体験：日本語のエーデルワイスを学習しておきます。

教材：日本語と英語で歌われているエーデルワイスの CD を用意します。サウンド オブ ミュージックの DVD の「Edelweiss」を歌う場面（2場面）を用意しておきます。

4　学びやすい授業づくりのポイント

　ミュージカルの2つの場面以外の部分は, 時間があれば見るとよいと思います。「ドレミの歌」や「ひとりぼっちの羊飼い」などの有名な曲が歌われています。抜粋して鑑賞したり, あらすじを教師が説明したりして, 「Edelweiss」が歌われる2つの場面の違いが分かるようにするとよいでしょう。

（森尻 有貴）

愛唱歌　英語の歌

6年

「Edelweiss」オスカー・ハマースタイン2世作詞
リチャード・ロジャーズ作曲

<u>　年　　組　名前　　　　　　　　　　　　　　　</u>

1 日本語と英語の「Edelweiss」をきいて、気付いたちがいを書きましょう。

2 「Edelweiss」の歌しには、母国に思いをはせる内容がふくまれています。『サウンド オブ ミュージック』の中で「Edelweiss」が歌われる2つの場面を比べ、それぞれどのような気持ちでこの歌を歌っているのか、考えてみましょう。

	どんな場面	どんな気持ちで歌っているか
場面①		
場面②		

3 「Edelweiss」を歌う場面①と場面②のどちらかを選び、そのときにどのように歌いたいか考えてみましょう。選んだ場面を○で囲みましょう。

選んだ場面：　　　　　　　　場面①　　　　場面②

- -

どのように歌いたいか：

「Olympic Hymn」英詞作者不明
S. サマラ作曲

■ 授業の特徴 「Olympic Hymn」の曲の背景を知り，英語で歌ってみます。オリンピックなどの催しにおける音楽の意味を考えます。

■ ワークシートで身に付く主な力
・曲想と音楽の構造や歌詞のメッセージとの関わりを理解する力【知】
・生活や社会における音楽の意味や役割について考える力【思判表】

■ 学習指導要領 A表現 (1) 歌唱ア, イ, ウ(イ), 〔共通事項〕(1)ア

■ 要素 リズム，速度，旋律，フレーズ

1 学習の流れ

❶「Olympic Hymn」が演奏されている映像を鑑賞する。 ➡ ❷「Olympic Hymn」を歌って，日本語は訳詞であることを知り，意味を理解する。 ➡ ❸「Olympic Hymn」を英語で歌ってみる。 ➡ ❹オリンピックをはじめとする大きな大会やイベントでなぜ音楽が用いられるのかを考え，社会における音楽の役割について考える。

2 曲について

　「Olympic Hymn」（オリンピック賛歌）はその名の通り，オリンピックで歌われる歌ですが，日本と関係が深い曲でもあります。近代オリンピック第1回目のアテネ五輪で披露された後，楽譜が消失したこともあり，歌われないこともありました。1964年の東京オリンピック開催に先立ち，1958年の国際オリンピック委員会総会の前に楽譜が見つかったのです。このとき，古関裕而（1909－1989）によってオーケストラ版に編曲され，同年の総会で演奏されました。これが，公式に賛歌として認定され，以後，オリンピックでは演奏されています。1964年の東京オリンピックで演奏された「オリンピック マーチ」も古関裕而による作品です。

3 準備

体験：身の回りの行事などで，音楽が使われている場面が思い浮かぶようにしておきます。

教材：「Olympic Hymn」の演奏のDVDまたは映像を準備します。東京オリンピックのものがあれば，児童はより身近に感じることでしょう。

4 学びやすい授業づくりのポイント

①日本語で歌う前に英語で歌ってもよいですが，音を覚えながら英語で歌うのは難しいかもしれません。英語だけ先に読んで，リズム読みなどもしてみるとよいでしょう。

②学校行事で歌う校歌，運動会で決まって流れる曲（行進曲や「天国と地獄」など），休み時間の音楽，季節の曲など，身の回りの音楽があがるように促しましょう。

③音楽には，合図の役割や，意図した感情を喚起させるもの，象徴のような役割があります。

（森尻 有貴）

「Olympic Hymn」 英詞作者不明 S. サマラ作曲

<u>　年　　組　名前　　　　　　　　　　　　　　　　</u>

1　「Olympic Hymn」 はどのような内容を歌っていますか。

2　どんな場面で（式典、大会、イベント）でどんな音楽が演奏されるでしょう。

場面	どんな音楽が演奏されるか

3　**2**であげたように、私たちの周りでは、色々な場所や状きょうで、色々な音楽が演奏されます。なぜ、そのようなときに音楽が演奏されるのでしょうか？　そのような状きょうでの音楽の役割や価値は何でしょうか。

コラム
音楽科の学習評価

音楽科の学習評価は，各題材において「知識・技能」「思考・判断・表現」「主体的に学習に取り組む態度」の三観点について，題材の目標及び取り扱う内容をもとに評価規準を立て，その規準に照らして児童の学習状況を評価します。ここでは，学習指導計画を立てる際に必須となる評価規準の設定の仕方について，具体例をもとに説明します。

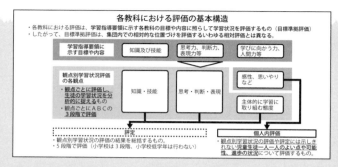

出典：国立教育政策研究所『児童生徒の学習評価のあり方について（報告）』（2018.1）6頁

○題材「曲の特徴を感じ取って歌おう」（第4学年）　内容：A表現(1)歌唱ア，イ，ウ(イ)，〔共通事項〕(1)ア
○題材の目標　※(1)「知識及び技能」，(2)「思考力，判断力，表現力等」，(3)「学びに向かう力，人間性等」に対応

(1)「とんび」の曲想と音楽の構造，曲想と歌詞の表す内容との関わりについて気付くとともに，思いや意図に合った音楽表現をするために必要な，自然で無理のない歌い方で歌う技能を身に付ける。

(2)「とんび」の旋律，フレーズ，反復，変化，呼びかけとこたえを聴き取り，それらの働きが生み出すよさや面白さ，美しさを感じ取りながら，聴き取ったことと感じ取ったこととの関わりについて考え，曲の特徴を捉えた表現を工夫し，どのように歌うのかについて思いや意図をもつ。

(3)曲の特徴を捉えて表現する学習に興味をもち，音楽活動を楽しみながら主体的・協働的に歌唱の学習活動に取り組み，日本のうたに親しむ。

○評価規準　※〔　〕は評価の観点の略記例

知識・技能	思考・判断・表現	主体的に学習に取り組む態度
〔知〕「とんび」の曲想と音楽の構造，曲想と歌詞の表す内容との関わりについて気付いている。 〔技〕思いや意図に合った音楽表現をするために必要な，自然で無理のない歌い方で歌う技能を身に付けて歌っている。	〔思〕「とんび」の旋律，フレーズ，反復，変化，呼びかけとこたえなどを聴き取り，それらの働きが生み出すよさや面白さ，美しさを感じ取りながら，聴き取ったことと感じ取ったこととの関わりについて考え，曲の特徴を捉えた表現を工夫し，どのように歌うのかについて思いや意図をもっている。	〔態〕「とんび」の曲の特徴を捉えて表現する学習に興味をもち，音楽活動を楽しみながら主体的・協働的に歌唱の学習活動に取り組んでいる。

　評価規準は，題材の目標と同じような表記になりますが，目標の表記との違いは評価の観点の文末等の下線部です。「学習状況を見取る」という趣旨から「気付いている」「歌っている」「もっている」「取り組んでいる」となります。一方，目標(3)の波線部にある「日本のうたに親しむ」ことは，評価規準に照らして全員の学習状況を把握するというよりも，個人内評価として個々の子供の成長を評価することに馴染むものであるため，評価規準には示していません。なお，ここでは評価規準の設定の仕方について述べましたが，評価方法等も含めて，国立教育政策研究所（2020）『「指導と評価の一体化」のための学習評価に関する参考資料』をよく読んで理解を深めてください。

(津田　正之)

まとめ

音楽の時間のふり返り

年　　組　名前

1　音楽の時間に歌った歌で、心に残っている歌は何ですか。
曲名と理由を書きましょう。

曲名「　　　　　　　　　　　　　　　　　　　　　　　　　」

理由

2　リコーダーをはじめとするいろいろな楽器で演そうした音楽の
中で、心に残っている音楽は何ですか。曲名と理由を書きましょ
う。

曲名「　　　　　　　　　　　　　　　　　　　　　　　　　」

理由

3 いろいろな音を組み合わせたり、音やフレーズをつなげたり重ねたりして音楽をつくった中で、心に残っていることを書きましょう。

```


```

4 音楽の時間にきいた音楽で、心に残っている音楽は何ですか。曲名と理由を書きましょう。

曲名「　　　　　　　　　　　　　　　　　　　　　　　　」

```
理由

```

5 6年生の音楽で、楽しみなことを書きましょう。

```


```

音楽クイズ

年　　組　名前

楽ふクイズ

1　これから先生が、「かえるの合唱」をドレミで歌います。楽ふ
を完成させましょう。7つの（　）には♩が入ります。

かえるの合唱

2　「かえるの合唱」をドレミで歌いましょう。

「かえるの合唱」を輪唱で楽しみましょう！

　ドレミだけでなく、ラララやルルルでも歌ってみましょう。美し
いひびきが楽しめます。さらにチャレンジとして、はじめの音の高
さを「ファ」くらいから歌いましょう。頭声が出やすい音いきなの
で、一そうきれいにひびきます。

せんりつクイズ

これからきく音楽が、どちらの音楽かを考えて、合っていると思う曲名を○でかこみましょう。

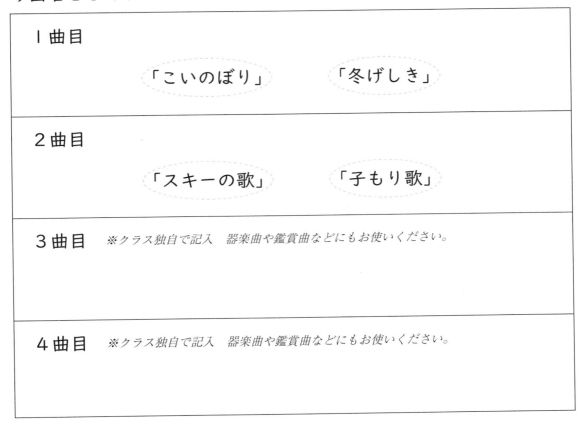

1曲目	「こいのぼり」　　　「冬げしき」
2曲目	「スキーの歌」　　　「子もり歌」
3曲目　※クラス独自で記入　器楽曲や鑑賞曲などにもお使いください。	
4曲目　※クラス独自で記入　器楽曲や鑑賞曲などにもお使いください。	

楽しみましょう！

せんりつクイズできいた音楽の中から、歌ったり、演そうしたり、味わってきいたりしましょう！

音楽の時間のふり返り

<u>　　年　　組　名前　　　　　　　　　　　　　</u>

1　音楽の時間に歌った歌で、心に残っている歌は何ですか。
曲名と理由を書きましょう。

曲名「　　　　　　　　　　　　　　　　　　　　　　　　　　」

理由

2　リコーダーをはじめとするいろいろな楽器で演奏した音楽の中
で、心に残っている音楽は何ですか。曲名と理由を書きましょう。

曲名「　　　　　　　　　　　　　　　　　　　　　　　　　　」

理由

3 いろいろな音を組み合わせたり、音やフレーズをつなげたり重ねたりして音楽をつくった中で、心に残っていることを書きましょう。

（空欄）

4 音楽の時間にきいた音楽で、心に残っている音楽は何ですか。曲名と理由を書きましょう。

曲名「　　　　　　　　　　　　　　　　　　　　　」

理由

5 中学校の音楽で、楽しみなことを書きましょう。

（空欄）

音楽クイズ

年　　組　名前

楽ふクイズ

1　ハ長調の1度、4度、5度の和音をグループで分担してリコーダーで演奏しましょう。3つのパート（上、中、下）に分かれます（例えば中を担当した人は「ソーラーソーソー」と演奏します）。

2　同じようにイ短調の1度、4度、5度の和音をグループで分担してリコーダーで演奏しましょう（例えば中を担当した人は「ラーラー♯ソーラー」と演奏します）。

ハ長調？イ短調？クイズで楽しみましょう！

　どちらの調も演奏できるようになったら、順番にどちらかを演奏し、他のグループの人がハ長調かイ短調か当てます。最初の和音で分かるかもしれませんが、きれいなひびきを最後まできいて答えましょう。

せん律クイズ

　これからきく音楽が、どちらの音楽かを考えて、合っていると思う曲名を〇でかこみましょう。

１曲目	「おぼろ月夜」　　　　「われは海の子」
２曲目	「ふるさと」　　　　「越天楽今様」
３曲目 ※クラス独自で記入　器楽曲や鑑賞曲などにもお使いください。	
４曲目 ※クラス独自で記入　器楽曲や鑑賞曲などにもお使いください。	

楽しみましょう！

　せん律クイズできいた音楽の中から、歌ったり、演奏したり、味わってきいたりしましょう！

【編著者紹介】

津田　正之（つだ　まさゆき）
北海道の公立小学校教諭，琉球大学准教授，文部科学省教科調査官等を経て現在，国立音楽大学教授。博士（音楽）。小学校学習指導要領解説音楽編の編集に当たる。

酒井美恵子（さかい　みえこ）
国立音楽大学ピアノ専攻卒業。東京都の音楽科教諭及び指導主事を経て現在，国立音楽大学教授。小中学校の音楽授業に役立つ著書多数。

【執筆者一覧】

津田　正之（国立音楽大学）

酒井美恵子（国立音楽大学）

瀧川　　淳（熊本大学）

宮本　憲二（尚美学園大学）

森尻　有貴（東京学芸大学）

小畑　千尋（宮城教育大学）

長谷川　諒（神戸大学）

森　　　薫（埼玉大学）

門脇早聴子（茨城大学）

学びがグーンと充実する！
小学校音楽　授業プラン＆ワークシート　高学年

2020年5月初版第1刷刊　©編著者　津　田　　正　之
2020年8月初版第2刷刊　　　　　　酒　井　美恵子
　　　　　　　　　　　発行者　藤　原　光　政
　　　　　　　　　　　発行所　明治図書出版株式会社
　　　　　　　　　　　　　　　http://www.meijitosho.co.jp
　　　　　　　　　　　（企画）木村　悠（校正）川上　萌
　　　　　　　　　　　〒114-0023　東京都北区滝野川7-46-1
　　　　　　　　　　　振替00160-5-151318　電話03(5907)6703
　　　　　　　　　　　ご注文窓口　電話03(5907)6668

＊検印省略　　　　　　組版所　長野印刷商工株式会社

本書の無断コピーは，著作権・出版権にふれます。ご注意ください。
教材部分は，学校の授業過程での使用に限り，複製することができます。

Printed in Japan
JASRAC 出 2000270-002
ISBN978-4-18-351615-2

もれなくクーポンがもらえる！読者アンケートはこちらから　→